DaF
im Unternehmen A2

Lehrerhandbuch

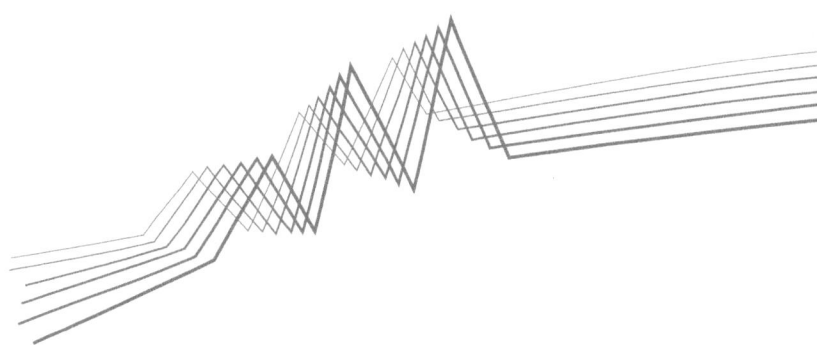

Radka Lemmen

Ernst Klett Sprachen
Stuttgart

1. Auflage 1 ⁵ ⁴ ³ | 2024 23 22

© Ernst Klett Sprachen GmbH, Stuttgart 2016. Alle Rechte vorbehalten.
Internetadresse: www.klett-sprachen.de/daf-im-unternehmen

Alle Drucke dieser Auflage sind unverändert und können im Unterricht nebeneinander benutzt werden. Die letzte Zahl bezeichnet das Jahr des Druckes. Das Werk und seine Teile sind urheberrechtlich geschützt. Jede Nutzung in anderen als den gesetzlichen zugelassenen Fällen bedarf der vorherigen schriftlichen Einwilligung des Verlags.

Autorin: Radka Lemmen
Redaktion: Iris Korte-Klimach
Layoutkonzeption und Herstellung: Alexandra Veigel
Gestaltung und Satz: Satzkasten, Stuttgart
Illustrationen: Juan Carlos Palacio
Umschlaggestaltung: Anna Wanner
Reproduktion: Meyle + Müller GmbH + Co. KG, Pforzheim
Druck und Bindung: Elanders GmbH, Waiblingen

978-3-12-676446-9

Inhaltsverzeichnis

Einleitung	4
Hinweise zu den Lektionen	8
Lektion 11 Feier mit Kollegen	8
Lektion 12 Die neue Wohnung	10
Lektion 13 Eine Ausbildung zu …	12
Firmenporträt 4 BEUMER Group	13
Lektion 14 Home-Office, aber wie?	14
Lektion 15 Dienstleistungen	16
Lektion 16 Auf Geschäftsreise	18
Firmenporträt 5 Louis Widmer SA	19
Lektion 17 Werbeartikel, aber welche?	20
Lektion 18 Berufskleidung	22
Lektion 19 Interne Fortbildung EDV	24
Firmenporträt 6 K+S Gruppe	25
Lektion 20 Zeit für ein Meeting?	26
Kopiervorlagen zu Lektion 11–20	28
Lösungen zum Kursbuch	50
Transkriptionen zum Kursbuch	57

Einleitung

Zielgruppe

DaF im Unternehmen A2 ist für Anfänger* mit Vorkenntnissen geeignet. Es richtet sich an Lernende, die aus beruflichen Gründen Deutsch lernen wollen, weil sie bereits in Deutschland, Österreich oder der Schweiz arbeiten, dort später arbeiten wollen oder mit deutschsprachigen Geschäftspartnern zu tun haben. Es eignet sich auch für junge Erwachsene, die noch nicht im Berufsleben stehen, aber wirtschaftsbezogenes Deutsch erlernen wollen.

Umfang und Aufbau

DaF im Unternehmen orientiert sich an den Kannbeschreibungen des Gemeinsamen europäischen Referenzrahmens (GeR), hier für die Niveaustufe A2. Es führt in vier Bänden von A1 bis B2. Daneben gibt es auch eine zweibändige Ausgabe (A1/A2 und B1/B2), bei der das Kurs- und Übungsbuch jeweils in einem eigenen Buch sind. Deshalb wird in A2 und B2 die Nummerierung der Lektionen, Firmenportraits, Filme, Datenblätter und CDs weitergeführt. Das Lehrerhandbuch, das eng auf das Kurs- und Übungsbuch zugeschnitten ist, gibt es dementsprechend auch in einer zweibändigen (A1/A2 oder B1/B2) bzw. vierbändigen Ausgabe (A1, A2, B1, B2). Folglich führt das Lehrerhandbuch A2 die Zählung der Lektionen und der Kopiervorlagen aus dem Lehrerhandbuch A1 fort und beginnt nun mit Lektion 11, mit dem Firmenportrait 4 und mit der Kopiervorlage 31.

Ab der Niveaustufe A2 werden die Prüfungsformate der telc GmbH und BULATS für berufsbezogene Prüfungen berücksichtigt.

Kursbuch (KB)

Das Kursbuch beinhaltet zehn Lektionen. Jede Kursbuchlektion ist in fünf Doppelseiten (A bis E) unterteilt. Die Lernzielbeschreibungen der jeweiligen Doppelseite sind oben auf der Seite stichpunktartig aufgeführt. Die Doppelseiten A bis D umfassen jeweils einen thematischen Teil. Am Ende der Doppelseite D ist der Abschnitt „Aussprache" mit für die Kommunikation relevanten Ausspracheübungen integriert. Auf der Doppelseite E „Schlusspunkt" befinden sich links kurze Szenarien, die den Lernenden die Möglichkeit bieten, die in der Lektion vermittelten kommunikativen Fertigkeiten in realitätsnahen Rollenspielen selbstständig anzuwenden. Auf der rechten Seite ist der jeweilige Lektionswortschatz aufgelistet.

Nach jeder dritten Lektion informiert das Lehrwerk über existierende Firmen in Deutschland, Österreich und der Schweiz. Jedes **Firmenporträt** umfasst einen authentischen Film des Unternehmens sowie eine Doppelseite im Kursbuch mit Informationen zur Firma und Aufgaben zum Film. Die Filme findet man alle auf der DVD im Medienpaket sowie gratis online unter: www.klett-sprachen.de/daf-im-unternehmen-online

Übungsbuch (ÜB)

Das Übungsbuch enthält parallel zum Kursbuch zehn Lektionen mit jeweils acht Seiten. Hier werden der Lektionswortschatz, die Redemittel und die Grammatik in sinnvollen Zusammenhängen geübt und vertieft. Im Unterschied zum Kursbuch sind die vier Lerneinheiten (A bis D) unterschiedlich lang, je nachdem wie viel Übungsmaterial der Lernstoff in der Kursbuchlektion erfordert. Das Übungsmaterial ist so aufbereitet, dass die Lernenden es in Heimarbeit selbst erarbeiten können – daher sind die Lösungen im Anhang zu finden. Übungen, die mehr in die Tiefe gehen oder bestimmte Aspekte besonders hervorheben, sind mit Ⓩ für Zusatzübung gekennzeichnet. Diese Übungen können Lernende, die nicht so viel Zeit für die Arbeit zu Hause haben, zur Not überspringen. Bei Themen, die nur im Übungsbuch vorkommen, steht im Inhaltsverzeichnis der Hinweis: ÜB. Am Ende der siebten Seite befindet sich der Abschnitt „Rechtschreibung" mit kurzen Übungen zur Orthographie. Je nach Aussprachethema in der Lektion korrelieren diese miteinander. Jede Übungslektion endet mit der Seite „Grammatik im Überblick", auf der der Grammatikstoff der jeweiligen Lektion zusammengefasst ist.

Der Zusammenhang von Kurs- und Übungsbuch wird durch klare Verweise verdeutlicht:

> **ÜB: A2** Hier wird im Kursbuch z. B. auf die Übungssequenz 2 im Teil A der jeweiligen Lektion im Übungsbuch verwiesen.

> **KB: A1b** Im Übungsbuch wiederum gibt es einen Rückverweis auf das Kursbuch, hier z. B. auf die Aufgabe 1b im Teil A.

Anhang

Der Anhang enthält Wechselspiele in Form von **Datenblättern** für Partner A und Partner B. Diese stellen ein weiteres Angebot dar, die kommunikativen Kompetenzen spielerisch zu trainieren.

Darüber hinaus befindet sich im Anhang eine ausführliche **Grammatik zum Nachschlagen**.

> **G: 2.2** Bei jeder Grammatikaufgabe im Kurs- und Übungsbuch finden die Lernenden einen Abschnittsverweis auf die entsprechende Erklärung in der Grammatik zum Nachschlagen, hier z. B. auf den Abschnitt 2.2.

Audio-CDs

Zum Kurs- und Übungsbuch gibt es zwei Audio-CDs im Medienpaket.

▶ **3|4** Bei den Hörtexten ist jeweils die passende CD samt Tracknummer angegeben, hier z. B. CD 3, Track 4. Darüber hinaus findet man alle Hörtexte gratis online unter: www.klett-sprachen.de/daf-im-unternehmen-online

---

* Wir haben uns entschieden, im Lehrerhandbuch durchgängig die maskuline Form, also Lerner, Partner usw. zu verwenden, um den Text lesbarer zu halten. Kursleiter und Kursleiterinnen, Teilnehmer und Teilnehmerinnen kürzen wir aus demselben Grund mit KL bzw. TN ab.

Einleitung

Lehrerhandbuch
Hier finden Sie Anmerkungen zu Aufgaben sowie praktische Tipps, Zusatzaufgaben und Varianten zu Übungen sowie Zusatzmaterialien für den Unterricht, wie Kopiervorlagen für Spiele oder Sprech- und Schreibübungen. Dabei war uns besonders wichtig, verschiedene Möglichkeiten des spielerischen Umgangs mit Sprache zu zeigen und bei der Umsetzung im Unterricht zu unterstützen.

Konzeption

Aufbau und Inhalt der Lektionen
Die Lektionen im Kursbuch enthalten jeweils eine in sich abgeschlossene Lektionsgeschichte, die sich auf den vier Doppelseiten entwickelt. Den Auftakt bildet die Doppelseite A, die mit Hilfe von Fotos, Illustrationen und Realien den thematischen Schwerpunkt setzt und in die Lektionsgeschichte einführt. Auf den Doppelseiten B, C und D wird das jeweilige Thema fortgeführt und ausgebaut, am Ende von D gibt es einen Aussprache-Teil. Die Doppelseite E „Schlusspunkt" bietet berufssprachliche Szenarien, mit denen TN in Rollenspielen das Gelernte umsetzen und die erlernten Redemittel üben können. Den Abschluss der Lektion bildet ein Überblick über den Lektionswortschatz. Im Mittelpunkt der Lektionsgeschichten stehen Personen, die sich in Situationen befinden, in die auch die Lernenden in einem deutschsprachigen Umfeld kommen können. In einer Lektion z. B. ruft ein Kunde beim Kundenservice (Hotline) an. Den Lernenden wird gezeigt, dass die Sprache nicht „an sich" existiert, sondern dass man sie benötigt und verwendet, um zu kommunizieren. Das Lehrwerk fördert die sprachliche Handlungsfähigkeit der Lernenden, indem es lebensnahe Themen mit hohem Alltagsbezug am Arbeitsplatz anbietet, die für die jeweiligen sprachlichen Handlungen nötigen sprachlichen Mittel bereitstellt und trainiert sowie Möglichkeiten zum kreativen Umgang mit der Sprache eröffnet. Durch diese situationsorientierte Herangehensweise entsprechen die Sprachhandlungen realen kommunikativen Bedürfnissen und geben den Lernenden die Möglichkeit, sich in den Lektionsgeschichten wiederzufinden. Die kommunikativen Lernziele sind von landeskundlichen Inhalten nicht zu trennen, was sich auch in den Firmenporträts wiederspiegelt.

Die Firmenporträts

Drei Firmenporträts, die Unternehmen aus Deutschland, Österreich oder der Schweiz vorstellen, ermöglichen es den Teilnehmern, reale Firmen in DACH, ihre Produkte sowie verschiedene Branchen kennenzulernen. Im A2-Band werden der internationale Hersteller für Intralogistik BEUMER Group (www.beumergroup.com), der Schweizer Hersteller für pharmazeutische und kosmetische Produkte Louis Widmer SA (www.louis-widmer.ch) und das Unternehmen K+S Gruppe (www.k-plus-s.com) vorgestellt.

Zu allen drei Firmen gibt es ein Filmporträt auf DVD und eine Doppelseite im Kursbuch (nach Lektion 13, 16 und 19). Die Firmenporträts ermöglichen es, kleine Projekte durchzuführen, indem TN im Internet weitere Informationen zu den Firmen recherchieren und dabei auch eigene Interessen einbringen können.
Der Kursleiter kann die Gruppen dabei anfangs mit konkreten Fragestellungen unterstützen. Anhand der Internetauftritte der jeweiligen Firmen kann man im Unterricht die unterschiedlichsten Aspekte aufgreifen (z. B. Produktpalette, Standorte, Ausbildungsplätze, Jobs, Karrierechancen).
Die Teilnehmer führen ihre Recherchen im Internet selbstständig durch – möglichst auf deutschen Seiten – und präsentieren die Ergebnisse in geeigneter Form im Unterricht: mit Hilfe von Postern, Collagen, Zeichnungen, Flyern, in leistungsstarken Gruppen ggf. auch in Form von Gesprächsrunden oder Expertenrunden. Die Teilnehmer können sich je nach beruflichem Interesse auch für eine andere Firma bzw. verwandte Unternehmen oder Webseiten entscheiden und eigenständig Informationen recherchieren. Hierbei können auch Informationen aus dem Herkunftsland der TN eingebracht werden. Damit wird ein wichtiger Beitrag zum forschenden Lernen geleistet und die Lernerautonomie wird gefördert.

Kompetenztraining
Im Mittelpunkt des Lehrwerks steht das Training grundlegender sprachlicher Kompetenzen im beruflichen Kontext. Lesen, Hören, Sprechen und Schreiben werden vor dem Hintergrund beruflicher Szenarien eingeführt und geübt: Smalltalk mit Kollegen auf einer Feier, ein Hotelzimmer für eine Geschäftsreise reservieren oder kleine Präsentationen erstellen. TN lernen, z. B. Aufträge zu verstehen und zu geben, Reklamationen zu verstehen und zu verfassen, Bestellungen zu formulieren, ein Ergebnisprotokoll zu verstehen und selbst zu formulieren. Wichtige berufssprachliche Fertigkeiten werden so trainiert und darüber hinaus in zahlreichen Rollenspielen und Szenarien geübt. Hierzu dienen auch die Übungen am Schluss der meisten Doppelseiten, die Szenarien im „Schlusspunkt" auf Doppelseite E sowie die Datenblätter mit zahlreichen Wechselspielen.
Die berufssprachlichen Handlungsfelder erstrecken sich von der Feier mit Kollegen (Lektion 11) über den Umzug aus beruflichen Gründen (Lektion 12), eine kurze Firmenpräsentation (Lektion 13), den Anruf beim Kundenservice (Lektion 14), die Aufgaben im Bereich Gebäudemanagement (Lektion 15), Geschäftsreise: Ein- und Auschecken im Hotel (Lektion 16), Auswahl und Bestellung von Werbeartikeln (Lektion 17), Bestellung und Reklamation von Berufskleidung (Lektion 18), der Teilnahme an einer internen EDV-Schulung (Lektion 19) bis zur Organisation einer großen Besprechung (Lektion 20). Hierbei wird sowohl die mündliche Kommunikation mit Kollegen und

Geschäftspartnern als auch das Schreiben von berufssprachlichen Texten vermittelt. Da der berufliche Kontext nicht ohne einen Anteil an Allgemeinsprache denkbar ist, werden die grundlegenden Strukturen der Sprache in die Vermittlung einbezogen. Dazu vermittelt jede Lektion Redemittel und Wortschatz aus Alltag und Beruf.

Grammatik
Die Grammatikthemen ergeben sich aus dem Kontext der Themen, Texte, Sprachhandlungen und Handlungsfelder. Die Grammatik ist somit auf die Lernziele abgestimmt. Der Input erfolgt über Hör- und / oder Lesetexte im Kursbuch, aus denen TN dann eigenständig die Regeln zu Bedeutung, Form oder Funktion erarbeiten können. Anhand von Übungen – besonders im Übungsbuch – werden diese grammatischen Phänomene intensiv trainiert. Im letzten Schritt wenden TN die Grammatik eigenständig in kommunikativen Situationen an.
Grammatische Phänomene werden nicht in einer einzigen Lektion eingeführt, sondern bestimmte Aspekte werden progressiv über mehrere Lektionen verteilt, sodass TN den Gebrauch bestimmter Strukturen sukzessive einüben können. Nach Einführung eines grammatischen Phänomens in einer Lektion taucht dieses in einer der nächsten Lektionen in anderem Kontext gezielt wieder auf, sodass hier zeitnah „automatisch" weitergeübt wird.

Phonetik
Das Kursbuch enthält auf der Doppelseite D jeder Lektion ein systematisches Aussprachetraining. Der Abschnitt „Aussprache" ist in der Regel so aufgebaut, dass TN bestimmte Phänomene hören, nachsprechen und ggf. Regeln analysieren. Dabei werden das Thema und Wortmaterial der Lektion berücksichtigt.

Wortschatz
Auf der rechten Seite von Doppelseite E ist jeweils der Lektionswortschatz aufgelistet. Ein Großteil des Wortschatzes ist nach inhaltlichen Gesichtspunkten geordnet, sonstige wichtige Wörter, die keine direkte inhaltliche Verknüpfung mit dem Lektionsthema haben, sind nach Wortarten sortiert.

Schlusspunkt und Datenblätter
Mit dem „Schlusspunkt" auf Doppelseite E werden am Ende jeder Lektion Szenarien angeboten. Mit Hilfe von vorgegebenen Redemitteln können die TN hier Rollenspiele und Szenarien üben (z. B. sich selbst oder einen Kollegen vorstellen, Small Talk halten, über die eigene Ausbildung sprechen, mit einer Kundenhotline telefonieren, eine Beschwerde vorbringen, eine Besprechung durchführen etc.). Zusätzlich gibt es zu jeder Lektion im Anhang Datenblätter, jeweils für Partner A und B, mit denen die TN Wechselspiele (wie z. B. Informationen erfragen, Anweisungen geben und reagieren, eine Bestellung aufgeben und ändern, Beschwerden aufnehmen und Lösungen vorschlagen) durchführen können. Diese Datenblätter trainieren die Redemittel und den Wortschatz der Lektion in vorgegebenen Szenarien, die dem beruflichen Alltag entnommen sind.

Lösungen und Transkriptionen
Die Lösungen und Transkriptionen zum Kursbuch finden Sie im Anhang des Lehrerhandbuchs; die Lösungen und Transkriptionen zum Übungsbuch finden Sie am Ende des Kurs- und Übungsbuchs, damit TN sich selbst kontrollieren und ggf. korrigieren können.

Zusatzmaterial
Zu jeder Lektion gibt es unter www.klett-sprachen.de/daf-im-unternehmen kostenlos zusätzliche Online-Übungen, in denen TN Wortschatz und Grammatik eigenständig wiederholen und üben können. Im Anschluss an jede Übungseinheit (pro Lektion gibt es drei Übungen) werden die Antworten ausgewertet, und TN können sich so selbst evaluieren oder ihr Ergebnis per Mail an KL versenden. Außerdem findet man unter www.klett-sprachen.de/daf-im-unternehmen pro Lektion einen Lektionstest, mit dem TN überprüfen können, ob sie die Lernziele erreicht haben.

Beschreibung der Spiele im Lehrerhandbuch

Allgemeines
Spielregeln: Wichtig bei den Spielen ist es natürlich, TN genau zu erklären, wie das Spiel gespielt wird und sicherzustellen, dass sie es verstanden haben. Außerdem sollten jeweils notwendige Redemittel eingeübt werden, wie z. B. „Du bist dran.", „Ich habe kein …", „Hast du …?" usw.

Material: Da Spiele immer wieder verwendet werden können, lohnt es sich, bestimmte Materialien, nachdem sie (möglichst auf Karton) kopiert wurden, zu laminieren, sodass man sie immer wieder benutzen kann.
Es empfiehlt sich zudem, immer zusätzliche leere Karten parat zu haben, falls Karten verloren gehen, sodass man ggf. improvisieren kann. Ein Vorrat von Sicherheits- bzw. Stecknadeln und Klebestreifen ist nützlich bei Spielen, in denen TN sich oder anderen etwas anheften müssen.
Werden in Würfelspielen Spielfiguren benötigt, können TN als Ersatz z. B. auch Münzen, kleine Gegenstände wie Verschlusskappen von Stiften oder auch Radierer verwenden.
Falls im Kurs kein Overheadprojektor, sondern ein Smartboard verwendet wird, können bestimmte Kopiervorlagen eingescannt und am PC weiterbearbeitet werden.

TN erstellen Spiele selbst: Es ist sinnvoll, TN daran zu gewöhnen, selbst Spiele zu erstellen. Denn dadurch beschäftigen sie sich sehr intensiv mit dem entsprechenden Wortschatz, mit Redemitteln oder Grammatik und treten dann im Kurs als „Spieleautoren" auf, was der Motivation und natürlich auch dem Spaß dient.

Einleitung

Domino
Lernziele: Wortschatz / Redemittel / Grammatikstrukturen einüben
Material: Von KL oder TN vorbereitete „Dominosteine" – hier Dominokarten. Die Kärtchen müssen so gestaltet sein, dass der Anfang eines Kärtchens immer zum Ende eines anderen passt.
Verlauf: TN sitzen in kleinen Gruppen um einen Tisch. Die Karten werden verteilt. Der erste Spieler legt eine Karte offen auf den Tisch, der nächste schaut, ob er eine passende Karte hat und legt sie an. Man kann hierbei horizontal, aber auch vertikal anlegen. Dann ist der nächste Spieler dran usw. Wer zuerst keine Karte mehr hat, hat gewonnen.

Karussell (Kugellager)
Lernziel: freies Sprechen mit zufälligen Partnern
Material: keins bzw. Kopiervorlagen zu den Übungen
Verlauf: TN stellen sich in zwei Kreisen – einem Innenkreis und einem Außenkreis – auf. Innenkreis und Außenkreis gehen in entgegengesetzter Richtung, bis KL ein Zeichen gibt. Nun tauschen sich jeweils die TN aus, die einander gegenüberstehen. Wenn es um einen Informationsaustauch geht, berichtet die Person im Innenkreis, während die Person im Außenkreis zuhört oder sich Notizen macht. In dem Fall werden auf ein Signal des KL die Rollen getauscht: Die Person im Außenkreis berichtet, die im Innenkreis hört zu. Danach dreht sich das Karussell weiter; die Kreise gehen dabei wiederum in unterschiedliche Richtungen. TN treffen auf einen neuen Partner und sprechen miteinander.

Kettenspiel
Lernziele: Wortschatz / Redemittel / Grammatikstrukturen einüben
Material: keins
Verlauf: TN sitzen im Kreis von sechs bis acht, maximal zehn TN. Da man sich mehr als sieben Äußerungen nur sehr schwer merken kann, sollten die Gruppen nicht größer sein. Ein TN beginnt mit einer Äußerung, z. B. „Ich habe …", der nächste TN wiederholt die Äußerung und fügt eine weitere hinzu „Er / Sie hat … und ich habe …". Der dritte TN wiederholt die Äußerungen der beiden TN vor sich und fügt ebenfalls eine weitere hinzu. So geht es weiter bis zum letzten TN. Wer etwas vergisst, scheidet aus. Das Spiel kann auch im Wettbewerb gespielt werden: Die Gruppe, in der am Ende die meisten TN übrig sind, hat gewonnen.

Memoryspiel
Lernziele: Wortschatz / Grammatikstrukturen einüben
Material: Von KL oder TN erstellte Memoryspiel-Karten. Memoryspiel-Karten sind Kartenpaare, deren Inhalte zusammenpassen. Dafür gibt es verschiedene Alternativen, z. B. Wort + Abbildung; Abbildung + Abbildung; Nomen + Adjektiv; Nomen + Verb usw.
Verlauf: TN spielen in Kleingruppen (zwei bis vier TN). TN sitzen um einen Tisch. Die Karten werden gemischt und verdeckt auf dem Tisch ausgelegt. Ein TN beginnt und deckt nacheinander zwei Karten auf. Wenn diese zusammenpassen, nimmt er sie und deckt zwei weitere auf. Passen sie nicht zusammen, legt er sie verdeckt wieder zurück und der Nächste ist an der Reihe. Dieser verfährt wie der Erste. Wer am Ende die meisten Kartenpaare hat, hat gewonnen.

Quartettspiel
Lernziele: Wortschatz
Material: Von KL oder TN erstelltes Quartettspiel, ein Kartensatz, bei dem immer 4 Karten zusammengehören (z. B. viermal Obst, viermal Gemüse, vier Getränke etc.).
Verlauf: TN spielen in Vierergruppen. Die Karten werden gemischt. Jeder Spieler erhält gleich viele Karten. Er ordnet sie nach zusammengehörigen Karten und versucht, die ihm noch fehlenden Karten zu erfragen, um ein Quartett – vier zusammenpassende Karten – zu bekommen: „Hast du den / das / die …?", „Kann ich bitte den / das / die … haben?" Der angesprochene Mitspieler antwortet: „Ja, hier hast du den / das / die …" oder „Nein, tut mir leid. Den / Das / Die … habe ich nicht." Hat derjenige, der nach einer Karte gefragt wurde, diese nicht, darf er fragen. Wer ein Quartett zusammen hat, darf dieses ablegen. Wer am Ende die meisten Quartetts gesammelt hat, hat gewonnen.

Tafelrallye
Lernziele: Wortschatz / Grammatikstrukturen einüben
Material: Tafel oder Flipchartblätter, Farbkreiden oder -stifte
Verlauf: TN bilden zwei Gruppen. TN jeder Gruppe stehen hintereinander vor der Tafel oder vor dem Flipchart. Jeder Gruppe ist eine Farbe (Kreide oder Stift) zugeteilt. TN jeder Gruppe notieren möglichst viele Wörter oder Formen, solange die Musik läuft oder bis die Tafel / das Blatt voll ist. Danach tauschen die Gruppen die Plätze und korrigieren die aufgeschriebenen Wörter oder Formen der jeweils anderen Gruppe mit ihrer Farbe. Die Korrekturen der TN sind sichtbar. KL ist das letzte Korrektiv. Gewonnen hat diejenige Gruppe, die die meisten richtigen Einträge hat.

Wechselspiel
Lernziel: Wortschatz / Redemittel / Grammatikstrukturen einüben
Material: Zwei Bögen, A und B, mit unterschiedlichen Informationslücken zu einem Thema.
Verlauf: TN spielen zu zweit. A erfragt die Informationen, die auf seinem Bogen fehlen und die auf dem Bogen B vorhanden sind. TN B gibt A diese Informationen und erfragt seinerseits von A die Informationen, die auf dem B-Bogen fehlen. Wenn beide Partner alle Informationslücken auf ihrem Bogen ausgefüllt haben, ist das Spiel zu Ende.

Lektion 11

LEKTIONSGESCHICHTE

Manuela verlässt die bisherige Firma und möchte mit ihren Kollegen eine Ausstandsparty feiern. Ihre Kollegen unterhalten sich im Büro über die Einladung und besprechen, wer kommen kann und wer nicht. Sie überlegen auch, was sie Manuela schenken möchten. Manuela und ihr Mann Frank treffen Vorbereitungen für die Grillparty. Sie überlegen, was sie zum Essen besorgen und welche Partyausstattung gemietet werden muss. Auf der Party treffen sich viele Kollegen, die miteinander Smalltalk halten.

A Feier mit Kollegen

Kennenlernspiel
Wenn sich TN noch nicht kennen, ist hier Gelegenheit für ein Kennenlernspiel: TN arbeiten in Paaren und stellen sich gegenseitig fünf Fragen: *Wie heißen Sie? Woher kommen Sie? Warum lernen Sie Deutsch? Welche Sprachen sprechen Sie? Was sind Sie von Beruf?* Im Plenum stellt jeder TN seinen Partner vor.

Vorschlag zu Aufgabe KB 1b/ÜB 1-2:

Würfelspiel: Wortschatz › Kopiervorlage 31
Es handelt sich um die erste Lektion der Stufe A2. Wenn es neue TN in der Lerngruppe gibt, eignen sich die folgenden Übungen zum kommunikativen Einstieg und dienen auch zur Wiederholung von grammatikalischen Inhalten wie z. B. Frage- und Aussagesatz, Verbposition bei trennbaren Verben, Negation im Satz und Perfekt:

KL teilt TN in zwei Gruppen A und B. Jede Gruppe erhält einen Kartensatz. KL erklärt, dass alle Wörter auf den Kärtchen die Doppelseite 11A betreffen. Dies ist deswegen notwendig, damit TN korrekte und brauchbare Zusammensetzungen aus den Kärtchen bilden können. Zunächst diskutieren TN innerhalb ihrer Gruppen die möglichen Wörter. Dann stellen sie sich innerhalb ihrer Gruppe paarweise auf, sodass jeweils ein Paar ein ganzes Wort „bildet". Aus der Gruppe A gibt es ein Paar mit einem Nomen. Gegenüber diesem Paar steht das Paar aus der Gruppe B mit dem passenden Verb. KL verteilt einen Würfel pro gebildete 4er-Gruppe (jeweils zwei Paare zusammen) mit folgenden Anweisungen für die Bildung der Sätze, die KL an die Tafel schreibt:

⚀ = Negationssatz (nicht/kein) im Präsens
⚁ = Fragesatz
⚂ = Satz im Perfekt
⚃ = Imperativ „Du-Form"
⚄ = Imperativ „Ihr-Form"
⚅ = Satz mit Modalverb

Die Gruppen würfeln und bilden Sätze nach den Angaben.

Vorschlag zu Aufgabe KB 3a: Zusagen und Absagen

Textpuzzle › Kopiervorlage 32
TN arbeiten in Kleingruppen. KL kopiert die E-Mail und schneidet sie in Streifen. Jede/r TN bekommt einen Textstreifen. TN sollen den Text in die richtige Reihenfolge bringen. Es gibt auch leere Streifen. TN entscheiden gemeinsam, an welcher Stelle sie etwas ergänzen möchten. Danach kleben sie die Streifen in der vorgeschlagenen Reihenfolge auf ein Blatt Papier. Die Blätter werden im Klassenraum aufgehängt und anschließend von allen anderen Gruppen durchgelesen und verglichen.

B Was schenken wir?

Vorschlag zu Aufgabe KB 2/ÜB 2: Personalpronomen im Dativ

Würfelspiel › Kopiervorlage 33
TN arbeiten zu zweit. TN 1 würfelt und vom Startfeld begibt er sich auf das Feld mit der gewürfelten Zahl und bildet aus den vorgegebenen Wörtern einen Satz, indem er das Personalpronomen im Dativ ergänzt. Dieses ergibt sich aus der gewürfelten Zahl (1 = ich, 2 = du, 3 = er/sie/es, 4 = wir, 5 = ihr, 6 = Sie/sie). Beispiel: TN würfelt die Zahl 1. *Die Kollegen schenken mir die Kinokarten.* „Mir" ist die gewürfelte Zahl 1 (ich – mir). Alternativ kann TN 2 auch die Zeit des Verbs bestimmen. Wenn der Satz korrekt gebildet ist, würfelt TN 2.

Vorschlag zu Aufgabe KB 5: Wem schenken wir was?

Kartenspiel: Geschenke › Kopiervorlage 34
TN bilden Paare. Jedes Paar erhält zwei Stapeln von Karten. Auf dem einen Stapel sind Personen aufgeschrieben, auf dem anderen Gegenstände. TN 1 zieht jeweils eine Karte von beiden Stapeln, z. B. *die Assistentin, die Uhr*. TN 2 bildet den dazugehörigen Satz daraus, z. B. *Wir schenken der Assistentin die Uhr.*

Stärkere Lerner können für das benachbarte TN-Paar selbst Kärtchen erstellen.

Hinweise zu den Lektionen

C Alles gut geplant?

Vorschlag zu Aufgabe KB 2/ÜB 2: Die Firma feiert ein Sommerfest

Einstieg

Aus interkultureller Sicht kann es notwendig sein zu erklären, was unter einem Sommerfest in einer deutschen Firma zu verstehen ist. Als Einstieg eignet sich ein Assoziogramm mit dem Wort „Fest" in der Mitte. KL sammelt auf Zuruf die Begriffe der TN. Eine mögliche Erklärung: Ein Sommerfest kann eine ideale Gelegenheit für Mitarbeiter und Kollegen sein, sich näher kennenzulernen. Dazu gehören gutes Wetter, mitgebrachtes oder bestelltes Essen und ein unterhaltsames Programm. Das Sommerfest kann sowohl auf dem Firmengelände als auch in einem Restaurant oder Ausflugslokal stattfinden. Wenn die Atmosphäre stimmt, fördert es den Teamgeist.

Wenn zu erwarten ist, dass es in der Lerngruppe wenige Meldungen geben wird, regt KL eine Internet-Recherche an. Alternativ tauschen sich TN zu möglichen Festen in der Firma aus. Sowohl sprachlich homogene Lerngruppen im Ausland wie auch heterogene Lerngruppen im Inland gestalten ein Plakat zum Thema „Feste in der Firma". Die leitenden Fragestellungen könnten sein: *Welche Feste feiern die Kollegen in der Firma zusammen? Wie heißen diese Feste? Wer organisiert sie? etc.*

Vorschlag zu Aufgabe KB 4/ÜB 3: Verben mit Dativ- und Akkusativergänzung

Kartenspiel: Geschenke › Kopiervorlage 34

Die Kopiervorlage 34 dieser Lektion lässt sich auch als ergänzende Übung zur Dativ- und Akkusativergänzung einsetzen: In der Kopiervorlage haben TN den Satz gebildet: *Wir schenken der Assistentin die Uhr.*

Jetzt bilden sie die Sätze: *Wir schenken ihr die Uhr. Wir schenken sie ihr.*

Vorschlag zu Aufgabe KB 6: Weihnachten in der Firma

Einstieg

Nicht überall wird Weihnachten gefeiert. Weihnachtsfeiern gehören aber zum Firmenleben in Deutschland. TN arbeiten in Kleingruppen und erhalten ein Flipchartblatt, auf das sie eine Tabelle übertragen. Die eine Hälfte beinhaltet Informationen/Stichworte zur Weihnachtsfeier in der Firma. Diese Informationen stammen aus den Erzählungen der anderen TN, des KL oder einer Recherche. Die andere Hälfte des Flipchartblattes trägt die Überschrift von einem Fest im Herkunftsland der TN. Entweder kommen die meisten TN aus diesem Land oder die Kleingruppe verständigt sich auf dieses Land.

Weihnachten	Bayram
Geschenke …	Süßigkeiten schenken Freunden gratulieren Geschenke kaufen …

Dann präsentieren TN die Ergebnisse im Kurs. Eine übergeordnete Frage könnte lauten: *Gibt es Gemeinsamkeiten?*

Weitere interkulturelle Themen sind die Geburtstage der Mitarbeiter in der Firma oder besondere Anlässe wie Hochzeit, Geburt des Kindes. KL kann diese Themen unter folgenden Fragestellungen moderieren: *Wie viel Geld darf das Geschenk kosten? Sammeln die Kollegen? Was macht das Geburtstagskind? Gibt es eine Feier? Wer organisiert diese Feier? Gibt es extra Geld von der Firma?*

D Alles Gute für die Zukunft!

Vorschlag zu Aufgabe ÜB 1a: Gratulationen und Wünsche

Einstieg

Die Motivation der TN steigt, wenn KL einige typische Gegenstände zum Thema „Fest" (Silvesterböller, Christbaumschmuck, Weihnachtsmusik, Konfetti, Grußkarte zur Hochzeit, etc.) mitbringt. Damit werden TN auf die Thematik eingestimmt. Alternativ kann sich jeweils ein TN diese Utensilien aus einem undurchsichtigen Beutel der Reihe nach herausnehmen und die anderen TN raten, welcher Glückwunsch aus ÜB 1a dazu passt.

Vorschlag zu Aufgabe KB 2: Auf einer Feier

Karussell (Kugellager) (Spielbeschreibung in der Einleitung)

KL bringt leere DIN A5-Kärtchen mit, die an TN verteilt werden. Jeder TN notiert 6 bis 10 Redemitteln zum Thema „Auf einer Feier". Die Anzahl hängt von der Leistungsstärke der Lerngruppe ab. KL sammelt alle Kärtchen ein und korrigiert die Redemittel, damit sich keine Fehler einprägen. Er verteilt die Kärtchen erneut und bespricht mit TN ggf. die Fehler. Danach wird nach der Kugellager-Methode vorgegangen: Dabei wird die Gesamtgruppe in zwei gleich große Gruppen geteilt. Eine Gruppe bildet den Innenkreis, die andere den Außenkreis. Innen- und Außenkreis gehen in entgegengesetzter Richtung, bis KL ein Zeichen gibt. Nun sprechen jeweils diejenigen TN miteinander, die einander gegenüberstehen und reagieren auf die Redemittel. Auf ein Signal gehen die Kreise solange weiter, bis das Signal wieder ertönt und jeder TN vor einem neuen Partnern stehen bleibt. Das Spiel wiederholt sich.

12

Vorschlag zu Aufgabe KB 3: Vielen Dank für die Einladung!

Textpuzzle › Kopiervorlage 35
Vor der Schreibaufgabe im Kursbuch wiederholt KL die Tipps zum Schreiben eines Briefes. Daraus kann eine „Checkliste Brief" entstehen, die im Klassenraum als Lernplakat aufgehängt wird und ggf. später ergänzt werden kann. Mögliche Tipps: *Brief – offiziell / privat; Struktur – Redemittel, Datum, Anrede, Brieftext, Grußformel*

Struktur	Redemittel	
	Brief offiziell	Brief privat
Datum		
Anrede	Sehr geehrte/r Herr / Frau …,	Hallo…,
Brieftext		
Grußformel		

Mögliche Fehlerkorrektur: TN überprüfen in Partnerarbeit, ob alles anhand der Checkliste berücksichtigt wurde und geben sich gegenseitig Rückmeldung. KL thematisiert nur das, was TN nicht klären konnten.

Alternative
Lernschwächere TN erhalten einen zerschnittenen Antwortbrief (Kopiervorlage 35), den sie lediglich zusammensetzen müssen und anschließend als Muster für einen eigenen Brief nutzen können.

Aussprache

Vorschlag zu Aufgabe KB 1: „ch" wie in „ich" und „acht"

TN werden in drei Gruppen aufgeteilt. Jede Gruppe schreibt gut lesbar acht Wörter aus verschiedenen Wortarten, die den „ich"- oder den „ach"-Laut enthalten auf Kärtchen. Nach einer vorgegebenen Zeit übergibt die Gruppe 1 der Gruppe 2 und die Gruppe 2 der Gruppe 3 und die Gruppe 3 der Gruppe 1 die eigenen Kärtchen. Diese werden in den Gruppen gründlich gemischt. Nun zeigen sich die Gruppen nacheinander gegenseitig die Wortkärtchen. Gruppe 1 beginnt. Ein TN aus der Gruppe zeigt Gruppe 2 ein Wortkärtchen und zwar so lange, wie dieser die Karte hochhält, erzählen TN der Gruppe 2 eine kleine Geschichte zum Lektionsthema, z. B. Sommerfest in der Firma. Dabei muss das gezeigte Wort verwendet werden. Dann zeigt ein anderer TN der Gruppe 1 das nächste Wort bis alle acht Wörter hochgehalten und „die Geschichte" von Gruppe 2 zu Ende erzählt ist. Die anderen Gruppen hören zu. Dann hält Gruppe 2 Wortkarten hoch und TN der Gruppe 3 müssen erzählen usw. Wenn alle Gruppen ihre Geschichten erzählt haben, wird die lustigste Geschichte prämiert.

Lektion 12

LEKTIONSGESCHICHTE

Christian Fahr ist aus beruflichen Gründen in eine andere Stadt gezogen. Nachdem er eine neue Wohnung gefunden hat, richtet er sie mithilfe seiner Freundin Anne ein. Es werden Vor- und Nachteile der Wohnlage thematisiert.

A Die neue Wohnung

Vorschlag zu Aufgabe KB 1: Wohnungsanzeigen

Einstieg
KL fragt nach typischen Angaben in den Anzeigen, z. B. Wohnfläche, Ausstattung, Kosten und macht auf landeskundliche Informationen aufmerksam: in Deutschland wird das Wohnzimmer zur Anzahl der Zimmer mitgerechnet, anders als z. B. bei den Angaben in englischen Anzeigen. Auch die Miete wird in Deutschland pro Monat angegeben, in Großbritannien aber pro Woche. In anderen Ländern unterscheidet man nicht zwischen Kalt- und Warmmiete, es wird automatisch nur ein Betrag ausgewiesen etc. Wenn KL feststellt, dass TN mehr Informationen zusammentragen können, könnte KL ein Mini-Projekt initiieren: TN arbeiten in Gruppen und suchen Anzeigen aus dem eigenen Land. Dabei tragen sie in einer Tabelle diejenigen Informationen zusammen, die sich von denen auf dem deutschen Wohnungsmarkt unterscheiden.

Vorschlag zu Aufgaben KB 1d-e / ÜB 2b: Gespräch mit Makler

Notizzettel: Auf Wohnungssuche › Kopiervorlage 36
TN bilden eine gerade Anzahl von Paaren. Wenn dies nicht möglich ist, dürfen auch Dreiergruppen dabei sein. Die Hälfte der Paare sind Makler, die andere Hälfte Wohnungssuchende. Wenn darunter Dreiergruppen sind, gehören diese zu den Wohnungssuchenden. Jedes Paar erhält eine entsprechende Kopiervorlage entweder als Makler oder Wohnungssuchende, zu der es sich die eigenen Notizen macht. Nach der Vorbereitungszeit von ca. 10 Minuten verteilen sich die Makler im Raum und setzen sich auf Stühle. TN, die auf der Suche nach einer passenden Wohnung sind, besuchen möglichst alle Makler und versuchen, ein passendes Angebot zu finden. Zum Schluss präsentieren TN die gefundenen Wohnungen.

Variante
Wohnungstausch: Wenn sich in kleinen Gruppen nicht genug Paare bilden lassen, können alle Wohnungssuchende werden und ihre Wohnung tauschen. Dazu erstellen TN erstellen einen Steckbrief von ihrer eigenen Wohnung.

Hinweise zu den Lektionen

Sie gehen im Kurs herum und unterhalten sich zu zweit und überlegen, ob sie ihre jetzige Wohnung mit einer anderen tauschen möchten. Wenn es zum Tausch kommt, werden die Steckbriefe auch wirklich getauscht bzw. wechseln die Steckbriefe ihren Besitzer.

Vorschlag zu Aufgabe KB 2/ÜB 3: Adjektivdeklination vor Nomen ohne Artikel

Adjektiv-Puzzle › Kopiervorlage 37
TN arbeiten zu viert. Sie verteilen die Karten untereinander. Ziel ist es, jeweils passende Kartenpaare, bei denen ein Adjektiv + Nomen vorkommt, auf dem Tisch auszulegen, z. B. *moderner Aufzug*, *in ruhiger Lage*. Ein TN beginnt und legt ein Kartenpaar oder mehrere passende Kartenpaare offen auf den Tisch, wenn er welche hat. Wenn nicht, legt er eine beliebige Karte offen auf den Tisch. Der nächste TN schaut, ob er eine Karte hat, die dazu passt, bzw. ob er weitere passende Paare zum Auslegen hat. Wenn nicht, ist der nächste dran.
Wer zuerst keine Karte mehr hat, hat gewonnen.

B Wohin stellst du …?

Vorschlag zu Aufgabe KB 1/ÜB 1: Wortschatz: Einrichtungsgegenstände

Memoryspiel: (Spielbeschreibung in der Einleitung)
› Kopiervorlage 38
TN arbeiten in Kleingruppen zu viert, mischen die Karten und legen sie verdeckt auf den Tisch. TN decken wie beim Memoryspiel immer zwei Kärtchen auf und versuchen dabei der Bezeichnung ein passendes Bild zuzuordnen und nennen aber beim Aufdecken immer den jeweiligen Einrichtungsgegenstand mit dem bestimmten Artikel und der Pluralform. Haben sie kein Pärchen gefunden, decken sie ihre Karten wieder zu und der nächste TN ist dran. Wer die meisten Karten richtig zugeordnet bzw. die meisten Pärchen hat, hat gewonnen.

Alternative
KL zeichnet eine Tabelle an die Tafel und trägt auf Zuruf der TN Möbel und Geräte ein. Alternativ bekommt in kleineren Lerngruppen jedes Paar ein Zimmer, zu dem es auf einen Flipchartbogen die Möbelstücke und Geräte einträgt/aufschreibt. Danach werden alle Bögen aufgehängt, sodass alle Einrichtungsgegenstände der ganzen Wohnung benannt sind.

Zusatzaufgabe
Bei lernstarken Gruppen bietet sich als Erweiterung die Fragestellung an: *Was fehlt Ihnen noch?* Hier kann man mit einem Bildimpuls arbeiten: KL/TN bringt/bringen Kataloge oder Werbeprospekte (z. B. IKEA) mit und TN ergänzen den Flipchartbogen mit den vorgegebenen Zimmern. Die Einrichtungsgegenstände/Möbel in Form von Bildern oder Wörtern stammen aus den Katalogen/Werbeprospekten. Alternativ rufen TN die Webseiten auf ihren Smartphones auf.
Wenn TN neue Möbelstücke heraussuchen, beschriften sie diese auch. Anschließend werden die Plakate im Raum aufgehängt.

C Wo steht …?

Vorschlag zu Aufgabe KB 3/ÜB 5: Wie haben Sie Ihr Wohnzimmer eingerichtet?

KL teilt den Kurs in vier Gruppen. Diese zeichnen jeweils ein eingerichtetes Arbeitszimmer auf ein Flipchartpapier, die im Kursraum aufgehängt werden. Jeweils eine Gruppe beschreibt ein Bild, wobei sie nicht ihr eigenes auswählen darf: TN 1 aus der Gruppe geht zum Bild, sucht sich einen Gegenstand aus, merkt sich seine Position, kehrt zu den anderen TN aus seiner Gruppe zurück und diktiert einen Satz mit der Position des Einrichtungsgegenstandes, z. B. *Das Regal steht unter dem Fenster*. Dann geht TN 2 zum Bild und sucht sich einen weiteren Einrichtungsgegenstand aus, merkt sich seine Position, kehrt zu den anderen TN zurück und diktiert einen Satz. Das wiederholt sich solange, bis 10 Sätze aufgeschrieben sind oder die von KL bestimmte Zeit abgelaufen ist. Anschließend werden die Texte um das beschriebene Bild herum platziert und verglichen.

D So wohne ich

Vorschlag zu Aufgabe KB 2: Infrastruktur – Was ist am Wohnort besonders wichtig?

KL überträgt die Statistik auf ein Plakat. Bei Kursräumen, die mit Smartboards ausgestattet sind, kann direkt auf die Statistik in **DaF im Unternehmen A2 digital** zurückgegriffen werden. TN erhalten jeweils drei bis fünf Klebepunkte, die sie hinter das von ihnen favorisierte Stichwort kleben (alternativ können die TN auch Punkte malen). Die Punkte können nach Belieben verteilt oder auch nur einem der aufgelisteten Stichwörter gegeben werden. TN erstellen eine Liste mit den Stichwörtern, die die meisten Punkte erhalten haben. Damit entsteht eine eigene Kursstatistik.

Variante
Eine große Lerngruppe kann in kleinere Gruppen geteilt werden. Jede Gruppe arbeitet dann an ihrer eigenen Statistik. Auch hier übertragen TN die Stichwörter und jeder vergibt einen Klebepunkt. Zum Schluss präsentiert jede Gruppe die Ergebnisse. KL kann TN aus einer anderen Gruppe bitten, Ergebnisse einer benachbarten Gruppe zusammenzufassen.

Lektion 13

LEKTIONSGESCHICHTE

Es werden einige Ausbildungsberufe in der Industrie vorgestellt. Ausbildungsleiter Thomas Wolf begrüßt die neuen Auszubildenden zur Einführungswoche bei der Firma Wirtgen, deren Erfolgsgeschichte anschließend beschrieben wird. Die neuen Azubis unterhalten sich über ihre Ausbildung. Der Spanier Diego Gómez erzählt seine Familiengeschichte. Die Ausbilderin stellt in einer kurzen Präsentation die Firma Hamm vor.

A Eine Ausbildung zu …

Vorschlag zu Aufgabe KB 1 / ÜB 1:
Ich begrüße Sie herzlich zu …

Das komplexe deutsche Ausbildungs- und Schulsystem kann hier nicht im Einzelnen thematisiert werden. Aktuelle weiterführende Informationen finden sich unter: www.justlanded.com/deutsch/Deutschland/Landesfuehrer/Bildung

Fragebogen › Kopiervorlage 39
KL kopiert einen Fragebogen für jeden TN. TN arbeiten in Kleingruppen. In gemischten Kursen achtet KL darauf, dass nach Möglichkeit TN aus unterschiedlichen Herkunftsländern zusammenarbeiten oder TN wählen selbst: *Welches Land interessiert mich besonders? Dann setze ich mich neben …* . In Kursen im Ausland ändert KL den Schwerpunkt dahin gehend, dass das Ausbildungssystem mit dem deutschen und dem jeweiligen Unterrichtsland verglichen wird. TN können auch weitere Fragen ergänzen. Die ausgefüllten Blätter werden im Kursraum aufgehängt. Alle TN gehen herum und lesen die Informationen. Im Plenum werden nur noch einzelne Punkte besprochen.

Vorschlag zu Aufgabe ÜB 3b:
Lernplakate: Die n-Deklination

TN sollen erkennen, welche Wörter von den Beispielwörtern zur n-Deklination gehören, d.h. die Endung „-en" beim Nomen im Akkusativ und Dativ haben. KL gibt zuvor einige Hinweise zur Orientierung: Zur n-Deklination gehören alle maskulinen Nomen, die auf „-e" enden. Auch einige andere maskuline Nomen wie z.B. *Herr, Mensch, Nachbar, Affe* werden nach der n-Deklination dekliniert.
TN arbeiten in 3 Gruppen. Gruppe 1 erhält einen leeren Papierbogen mit dem Wort für „Personen / Berufe", Gruppe 2 für „Nationalitäten", Gruppe 3 einen Papierbogen mit den Endungen „-and, -ant, -at, -e, -ent, -ist, -oge". KL erstellt eine Liste mit folgenden Wörtern, die nicht alle der n-Deklination angehören: *Chinese, Pole, Fahrer, Grieche, Name, Kunde, Lampe, Elektroniker, Produktdesigner, Diplomat, Lieferant, Akte, Pädagoge, Management, Journalist, Referent, Haushaltshilfe, Student, Junge, Kollege, Kontrolleur, Polizist, Soldat, Rolle*. KL oder ein anderer TN liest die Wörter aus der Liste vor. Wenn eine Gruppe erkennt, dass das Wort in ihre Kategorie passt, schreibt sie es auf den Bogen. Damit entsteht ein Lernplakat mit einer systematischen Zuordnung der Wörter. Zum Schluss entstehen Plakate mit Beispielwörtern zu „Personen / Berufen", zu „Nationalitäten" und zu den Endungen „-and, -ant, -at, -e, -ent, -ist, -oge". Sie dienen als unterschiedliche Merkhilfen für TN und können im Kurs aufgehängt und später immer wieder ergänzt werden. Stärkere TN können sich die übrig gebliebenen Wörter (*Elektriker, Fahrer, Lampe, Produktdesigner, Akte, Management, Haushaltshilfe, Kontrolleur, Rolle*) anschauen und sich klarmachen, warum sie nicht zur n-Deklination gehören.

B Eine Erfolgsgeschichte

Vorschlag zu Aufgabe KB 2 / ÜB 2:
Präteritum – regelmäßige Verben

Einstieg
Zur Erinnerung wiederholt KL *haben* und *sein* (Band A1, Lektion 5) wie auch Modalverben im Präteritum (Band A1, Lektion 10). Er schreibt folgende Sätze auf: *(gestern): Ich habe einen Termin. Ich bin im Lager und kann nicht telefonieren*. TN erkennen, dass das Wort „gestern" die Vergangenheit erfordert und setzen die Sätze in die Vergangenheit: *Gestern hatte ich einen Termin. Ich war im Lager und konnte nicht telefonieren*. KL lässt sich die Verben in allen drei Sätzen nennen, er kreist sie ein und fragt, ob sich TN erinnern, wie die Zeitform heißt. Wenn nötig, schreibt KL weitere Beispielsätze auf oder er fordert TN auf, eigene Sätze zu bilden. KL weist darauf hin, dass diese Verben auch im mündlichen Sprachgebrauch oft im Präteritum verwendet werden. Falls noch nicht geschehen, thematisiert KL die Verwendung des Präteritums in der Schriftsprache (Berichte, Meldungen in der Presse etc.).

Zusatzaufgabe
Würfelspiel › Kopiervorlage 40
TN arbeiten in Dreiergruppen und erhalten einen Würfel. KL kopiert und zerschneidet für jede Gruppe den gleichen Stapel Verben. Diese werden gemischt und verdeckt auf den Tisch gelegt. TN, der würfelt, dreht auch eine Karte vom Stapel um. Die gewürfelte Augenzahl entscheidet über die Personenangabe zum Verb auf der Karte (1 = ich, 2 = du, 3 = er / sie / es, 4 = wir, 5 = ihr, 6 = sie / Sie). TN 1 würfelt und bildet die richtige Form vom Verb, z.B. *Ich telefonierte*. TN 2 bildet einen Satz mit dem Verb und einer Ergänzung, z.B. *Ich telefonierte mit meiner Kollegin*. und TN 3 entscheidet, ob die Form korrekt war. Erst bei der richtigen Lösung darf derjenige würfeln, der den Satz gebildet hat.

Hinweise zu den Lektionen

C Wie kam das?

Vorschlag zu Aufgabe KB 2/ÜB 1: Familienmitglieder und ihre Berufe

Karussell (Kugellager) (Spielbeschreibung in der Einleitung)
TN sprechen über ihre Familienmitglieder. Jeder TN spricht eine Minute lang. Dann ertönt ein Signal und der ihm gegenübersitzende TN stellt danach drei Fragen, z. B. *Was ist dein Vater von Beruf? Wie lange hat er studiert? Wo arbeitet er?* Nach einem Signal rücken TN weiter.

Vorschlag zu Aufgabe KB 3/ÜB 4: Präteritum – unregelm. u. gemischte Verben

Memoryspiel (Spielbeschreibung in der Einleitung)
› Kopiervorlage 41
TN arbeiten in Paaren. Jedes Paar erhält den Kartensatz und mischt die Karten.
In lernschwächeren Gruppen ist zunächst die Zuordnung des Infinitivs zur angegebenen Präteritumform wichtig, daher legen sie die Karten zunächst offen auf Tisch und ordnen Infinitive und Präteritumformen zu.
In lernstärkeren Gruppen stapeln die Paare den Kartensatz so, dass die Verben nicht zu sehen sind. TN 1 zieht aus dem Stapel ein Kärtchen. Wenn darauf die Infinitivform steht, bildet TN 2 die Präteritumform. Wenn auf dem Kärtchen die Präteritumform steht, bildet TN 2 den Infinitiv.

D Eine Firmenpräsentation

Vorschlag zu Aufgabe KB 2/ÜB 1: Meine Präsentation

Textpuzzle: Firmenpräsentation › Kopiervorlage 42
Lernschwächere TN erhalten das zerschnittene Textpuzzle mit einer fiktiven Firmenpräsentation als Vorlage. Sie sortieren es zu zweit und ersetzen die Informationen im Textpuzzle mit denen aus der Firmenpräsentation in KB 2a.

Aussprache

Vorschläge zu „sch" – „sp" – „st"

Wörterliste › Kopiervorlage 43
KL gibt die vereinfachte Hilfe: „sch"-Laut spricht man bei „st"- oder „sp"-Kombinationen nur am Silben- oder Wortanfang. TN arbeiten in Kleingruppen und schreiben einen Text (6 Sätze) mit den Wörtern aus der Kopiervorlage, wobei in einem Satz mindestens zwei Wörter aus der Liste verwendet werden müssen. Nach einem Signalton gibt jede Kleingruppe ihren verfassten Text an die nächste Kleingruppe weiter. Jede Gruppe liest den erhaltenen Text vor. Was das Korrekturverhalten des KL angeht, so steht hier die Aussprache im Fokus und nicht Inhalt und Rechtschreibung. Die besten Texte können prämiert werden.

BEUMER Group

FIRMENINFORMATION

Die BEUMER Group GmbH & Co. KG mit Sitz in Beckum ist ein international tätiges Maschinen- und Anlagebauunternehmen mit den Schwerpunkten Intralogistik (= logistische Material- und Warenflüsse in einem Unternehmen) und Förderanlagen (= Maschinen und Anlagen zum Fördern von Fördergütern, wie Kisten oder Kohle).

Vorschlag zu Aufgabe KB 1a: Ihr Spezialist für Intralogistik

TN sammeln Ideen zum Begriff „Intralogistik" in einem Assoziogramm an der Tafel. Als Abgrenzung dazu nennt KL den Begriff „Spedition" (= Warentransport außerhalb des Unternehmens). Die BEUMER Group ist weltweit präsent. Es ist möglich, dass das Unternehmen in der Heimat der TN eine Niederlassung hat. Daher schauen sich TN die Webseiten der Firma an, auch in der Muttersprache oder auf Englisch. Sie recherchieren im Internet, ob es in ihren Heimatländern ähnliche Firmen gibt.

Vorschlag zu Aufgabe KB 1b: Wortschatz

TN arbeiten zu zweit. Lernschwächere Paare bilden abwechselnd mit den aufgeführten Verben Vergangenheitsformen im Präteritum und Perfekt.
Lernstärkere Paare bilden kurze Sätze, indem sie den Wortschatz der Lektionen 1 bis 3 wiederholen, z. B. *Gestern hat er das Geschenk für seine Schwester verpackt.*

Vorschlag zu Aufgabe KB 2a: Die BEUMER Group: Zahlen und Fakten

TN arbeiten zu viert. Sie schreiben für eine Zeitung anhand der Informationen in Aufgabe 2a die Firmengeschichte des Unternehmens. TN können die Antworten auf die Fragen gerne als Stütze für die Firmengeschichte nutzen. Wichtig ist, dass TN zwischen dem Präteritum (*gründete, hatte, produzierte* etc.) und Präsens (*ist, hat, produziert* etc.) an den richtigen Stellen unterscheiden.

Vorschlag zu Aufgabe KB 2b: Die BEUMER Group: Zahlen und Fakten

Falls nötig, erklärt KL die Bedeutung der landeskundlichen Begriffe „westfälisch" und „Ruhrgebiet". TN versuchen Westfalen und Ruhrgebiet auf der Deutschland-/NRW-Karte zu verorten und nennen oder suchen weitere Städte.

Lektion 14

LEKTIONSGESCHICHTE

Der Journalist David Sinn hat bei einem Kabelnetzbetreiber das Angebot „Kabel Perfekt 3" gebucht. Weil er technische Probleme bei der Installation hat, ruft er mehrfach den Kundenservice an und möchte dringend einen Techniker sprechen. Da dies nicht gelingt, beschwert er sich mehrfach schriftlich. Eine Freundin ruft Herrn Sinn an, weil sie ein Problem bei der Installation ihres WLAN-Routers hat. Er geht mit ihr die Installationsschritte durch. Als die technischen Probleme bei Herrn Sinn beseitigt sind, kann er endlich seine Besprechung über „den Fernsehstar Ray" zu Ende schreiben.

A Home-Office, aber wie?

Vorschlag zu Aufgabe KB 1c:
Das Angebot „Kabel Perfekt 3"

Textpuzzle: Hotline ▸ Kopiervorlage 44

KL kopiert die Vorlage und zerschneidet sie. TN arbeiten in Kleingruppen. KL kann binnendifferenzierend entscheiden, ob die Dialogteile jeweils mit den Sprecherangaben (Spalte 1) an TN gegeben werden. Es handelt sich dann um eine leichtere Variante und die Aufgabe lautet: „Bringen Sie die einzelnen Dialogteile in die richtige Reihenfolge."
Lernstärkere TN ordnen anhand der Äußerungen (ohne die erste Spalte mit den Sprecherangaben) zu, ob die jeweilige Aussage von der Hotline-Mitarbeiterin oder Herrn Sinn stammt und bringen die Dialogteile in die richtige Reihenfolge. Damit rekonstruieren TN das Telefongespräch und festigen die gängigen Phrasen am Telefon.

Variante 1: Zickzack-Dialog

Im Idealfall gibt es so viele Dialogteile wie TN. In kleineren Lerngruppen können einzelne TN zwei Dialogteile übernehmen. In größeren Gruppen können zwei TN abwechselnd ihren Dialogteil sprechen.
KL vergrößert jeden Dialogteil auf DIN A4-Papier und legt die Dialogteile in die Mitte des Klassenraums auf den Fußboden. TN sortieren den Dialog in zwei Reihen in die richtige Reihenfolge: erste Reihe sind die Äußerungen der Hotline-Mitarbeiterin, zweite Reihe die von Herrn Sinn. Dann stellt sich je ein TN zu einem Dialogteil. Beim ersten Durchlauf spricht TN 1 den ersten Dialogteil vor, TN 2 macht weiter etc. Zur Veranschaulichung kann ein Ball an den nächsten Gesprächspartner weiter gereicht werden. Für manche TN ist der Ball eine haptische Hilfe beim späteren Erinnern an die geübten Redemittel. KL greift nur dann ein, wenn die Aussprache oder Intonation undeutlich waren. Bei mehreren Runden können die TN den Dialog auswendig sprechen. Im nächsten Schritt kann der Skelett-Dialog folgen.

Variante 2: Skelett-Dialog

KL vergrößert jeden Dialogteil auf DIN A4-Papier und legt die Dialogteile in die Mitte des Klassenraums auf den Fußboden. TN verteilen sich im Raum. KL dreht einige (aber nicht alle!) Dialogteile um, so dass sie nicht mehr gelesen werden können. KL fordert die TN auf, die neben einem leeren Blatt stehen, frei zu antworten. KL kann dabei zuerst Unterstützung geben. Der nächste TN muss passend antworten. Wenn dieser TN neben einem aufgedeckten Dialogteil steht, muss er diesen passend verändern. Es werden weitere Runden gespielt, bis alle Dialogteile umgedreht sind und alle TN einen freien Dialog sprechen. Dabei ist es erlaubt, dass sich das Thema ändert oder auch weiterentwickelt. Je freier der Dialog wird, desto weniger sollte KL korrigieren, sonst wird die Kreativität der TN eingeschränkt.

Vorschlag zu Aufgabe ÜB 2a, b:
Warum? – Gründe nennen

Wechselspiel (Spielbeschreibung in der Einleitung)
▸ Kopiervorlage 45

TN arbeiten in Paaren. TN A fragt: *Warum lädt Martina Schader zur Abschiedsfeier ein?* TN B antwortet: *Weil sie am 30.10. die Firma verlässt.* Das Ziel ist, möglichst schnell richtige Fragen und korrekte Antworten zu bilden.

Zusatzaufgabe

Für lernstärkere TN gibt es jeweils zwei leere Streifen, die nach den Beispielen ergänzt werden können: in die erste grau unterlegte Zeile notieren TN A und B die Abteilung und die dazugehörige Person, in der zweiten Zeile bildet TN A eine Frage zur Tätigkeit der Person und TN B gibt einen Grund an oder umgekehrt. Diese Ergänzung geht dann an das nächste Paar zum Einüben weiter. Besonders witzig wird diese Übung, wenn reale Personen aus der Lerngruppe für die Abteilungen genommen werden.

B Wählen Sie bitte die …

Vorschlag zu Aufgabe KB 1/ÜB 1:
Immer wieder die Hotline

Nomen-Verb-Puzzle ▸ Kopiervorlage 46

TN arbeiten in Paaren. Sie mischen Nomen und Verben und ordnen sie zu. Auf diese Weise wiederholen sie den Wortschatz. Nach der Zuordnung bilden TN passende Sätze.
KL kann an dieser Stelle den Hinweis geben, dass Nomen und Verben am besten immer zusammen gelernt werden.

Hinweise zu den Lektionen

Vorschlag zu Aufgabe KB 2/ÜB 2, 3: Nebensätze mit „wenn"

Kettenspiel „Wenn man ..., muss man ..."
KL teilt den Kurs in Gruppen mit max. 10 TN. TN schreiben einen Bedingungssatz auf einen Zettel. Wenn alle fertig sind, sagt TN 1 seinen Satz, z.B. *Wenn ich Computerprobleme habe, rufe ich die technische Hotline an.* TN 2 sagt: *Wenn Alex Computerprobleme hat, ruft er die technische Hotline an.* Dann sagt TN 2 seinen eigenen Satz: *Wenn ich die Telefonnummer vom Anrufer aufschreiben möchte, sehe ich die Nummer auf dem Display.* TN 3 wiederholt die Sätze der TN 1 und 2 und schließt sich mit seinem Satz an. Wer einen Satz vergisst, scheidet aus. Die Gruppe mit den meisten TN am Ende gewinnt.

Variante
Lernstärkere Gruppen notieren jeweils zwei Bedingungssätze, die mal mit dem Nebensatz, mal mit dem Hauptsatz beginnen. Sie spielen das Kettenspiel, indem sie Bedingungssätze sagen, die entweder mit dem Nebensatz (wie oben) oder mit dem Hauptsatz beginnen, z.B. *Ich rufe die technische Hotline an, wenn ich Computerprobleme habe.* TN 2 sagt: *Alex ruft die technische Hotline an, wenn er Computerprobleme hat.*

Vorschlag zu Aufgabe KB 5/ÜB 5: Können Sie mich verbinden?

Würfelspiel: Telefongespräch › Kopiervorlage 47
TN arbeiten in Gruppen von 4 Personen. Jede Gruppe erhält einen Spielplan, einen Würfel und die entsprechende Anzahl von Spielfiguren (alternativ nimmt TN z.B. die Verschlusskapsel eines Stiftes, einen Radierer, eine Münze etc.). In lernschwachen Gruppen führt KL kurz in das im Spiel vorgestellte Szenario ein, indem er erklärt, dass der Kunde Herr Weiß bei der Hotline anruft, weil er die Technikerin sprechen möchte. Spielverlauf: Wer zuerst eine Sechs würfelt, beginnt. TN würfeln der Reihe nach und bewegen ihre Figuren in der angegebenen Richtung auf dem Spielplan. Wer auf einem Feld mit einem Redeanlass steht, liest diesen vor, z.B. *Sie begrüßen den Kunden Herrn Weiß und fragen nach seinem Anliegen* und antwortet mit dem passenden Redemittel, z.B. *Guten Tag, Herr Weiß. Was kann ich für Sie tun?* Wenn die Mitspieler mit der Antwort einverstanden sind, geht das Spiel weiter. Andernfalls muss TN auf sein Ausgangsfeld zurückkehren. Wer auf einem Feld mit dem Telefonsymbol steht, darf noch einmal würfeln. Wer auf dem leeren Feld steht, muss eine Runde aussetzen.

Zusatzaufgabe
Lernstarke Gruppen, die mit dem Spiel früher fertig sind, können die Felder in der Reihenfolge eines Telefongesprächs nummerieren.

C Installation leicht?

Vorschlag zu Aufgabe KB 4/ÜB 3: Nebensätze mit „dass"

Zunächst schreiben TN in Einzelarbeit vier Sätze zum Thema der Doppelseite auf ein Blatt Papier, z.B. *Die Installation ist wirklich kompliziert. David Sinn konnte die SmartCard nicht aktivieren. etc.* Dieses Blatt geben sie an TN, der zwei Plätze weiter sitzt. Dann bilden TN Paare. Jedes Paar hat zwei Blätter mit insgesamt acht Sätzen. TN 1 liest einen Satz vor, TN 2 ergänzt diesen Satz: *Er meint/denkt/sagt/glaubt ..., dass die Installation wirklich kompliziert ist*, und schließt mit einem neuen Satz an. Nun formuliert TN 1 daraus einen „dass"-Satz, usw.

Vorschlag zu Aufgabe KB 5/ÜB 4: Reklamation

TN arbeiten in vier Gruppen. Jede Gruppe sammelt in der vorgegebenen Zeit viele Redemittel, die zu einem Reklamationsbrief passen. KL bringt Moderationskarten mit allen Teilen eines Reklamationsschreibens (*Betreff, Anrede, Beschreibung, Anliegen, Vorschlag, Konsequenz, Grußformel*) mit: Aus der Gruppe 1 zieht ein TN eine Moderationskarte. Zu dieser Moderationskarte, z.B. *Grußformel*, müssen TN aus der Gruppe 2 alle ihre Redemittel nennen, z.B. *Mit freundlichen Grüßen, Mit herzlichen Grüßen, Viele Grüße etc.* Wenn es keine oder nur wenige Redemittel gibt, ist die nächste Gruppe dran.

Zusatzaufgabe
Mit den Moderationskarten lässt sich auch ein Lernplakat gestalten, indem die Karten in der richtigen Reihenfolge auf ein Plakat aufgeklebt werden, das als Checkliste für einen offiziellen Brief/eine Reklamation im Kurs angebracht wird.

D Endlich arbeitsfähig

Vorschläge zu Aufgabe ÜB 1: Partnerdiktat

KL kopiert und vergrößert die Sätze 1 bis 8 und bringt sie im Kursraum an. TN arbeiten zu zweit. Die Sätze 1 bis 4 diktiert TN A seinem Partner, der am Platz sitzt und das Diktat schreibt. Dann wechseln die Partner die Rollen. Nun diktiert TN B seinem Partner die Sätze 5 bis 8.

1. Das automatisierte Parken hat viele Vorteile.

2. Logistik-Unternehmen können vom Parkroboter profitieren.

3. Der Parkroboter misst mit Laser die Autos und kennt die Größe von allen Parkplätzen.

4. Der Parkroboter bringt das Auto zum günstigen Parkplatz und holt es wieder ab.

5. Vom Parkroboter profitiert auch PKW-Hersteller „Audi".

6. Zwei Roboter arbeiten dort im Werk.

7. Sie transportieren Autos nach der Produktion selbstständig auf eine Fläche.

8. Später sortieren sie die Autos für den Transport zum Kunden.

Danach kontrollieren TN gemeinsam die geschriebenen Sätze.

Lektion 15

LEKTIONSGESCHICHTE

Vier Personen berichten über ihre Tätigkeit im Dienstleistungssektor: Sandra Kleinert (28) ist Sicherheitskraft, Hans Richter (37) Betriebsgärtner; Mehmet Atalay (30) arbeitet als Haustechniker und Vitali Kusmin (42) als Fassadenreiniger. Anhand von Anzeigen sucht die Hausverwaltung Zander einen Dienstleister. Frau Michels von der Hausverwaltung Zander vergibt einen Auftrag an Herrn Pieper zur Unterhaltsreinigung in einem weiteren Objekt. Frau Michels wendet sich auch in einem Brief an die Mieter und informiert sie u.a. über die Mülltrennung. In der Servicezentrale der BGM GmbH kommen unterschiedliche Störungsmeldungen zusammen, um die sich der Haustechniker Mehmet Atalay kümmert.

A Dienstleistungen

Vorschlag zu Aufgabe KB 1 / ÜB 1: Service um das Gebäude

Einstieg

KL thematisiert, was unter dem Begriff „Dienstleistungen" zu verstehen ist. Dafür eignet sich z. B. ein Assoziogramm mit dem Wort „Dienstleistungen" in der Mitte. KL ergänzt dieses auf Zuruf der TN: *Hotline, Telefon, Hilfe, Service für den Kunden, …*

Vorschlag zu Aufgabe KB 3 / ÜB 3: Verben in reflexiver Form

Würfelspiel › Kopiervorlage 48

TN arbeiten in Kleingruppen zu viert. Jede Kleingruppe erhält einen Würfel. TN 1 würfelt, stellt sich mit einer Spielfigur auf das abgezählte Feld und bildet eine Frage: *Ärgerst du dich über den Aufzug?* TN 2 antwortet: *Ja, ich ärgere mich über den Aufzug. / Nein, ich ärgere mich nicht …* TN 3 bestimmt, ob Frage und Antwort korrekt sind. Erst dann darf TN 2 würfeln und eine neue Frage stellen.

B Unser Auftrag für Sie!

Vorschlag zu Aufgabe KB 1: Hausverwaltung Zander sucht einen Dienstleister

TN arbeiten zu zweit. KL schreibt die Buchstaben des Begriffs „Facility-Management" untereinander an die Tafel. Die Aufgabe besteht darin, passende Wörter aus den Anzeigen zu den einzelnen Buchstaben zu finden, damit eine Art Kreuzworträtsel entsteht. Die Buchstaben können am Anfang und in der Mitte der Wörter stehen. Das Paar, das als Erstes fertig ist, ruft „Stopp".

Hinweise zu den Lektionen

Danach dürfen andere Paare nicht mehr schreiben. Die Paare diktieren und vergleichen dann ihre Lösungen.

Vorschlag zu Aufgabe KB 2/ÜB 2: Lernplakat: Adjektivdeklination

KL skizziert die leere Tabelle an die Tafel:

	(M) Mann (nett)		(N) Kind (lieb)		(F) Frau (jung)		Pl. (M, N, F) Freunde (alt)	
Nom.	ein kein mein	-er	ein kein mein	—	eine keine meine	—	Ø keine meine	—
Akk.	einen keinen meinen	—	ein kein mein	—	eine keine meine	—	Ø keine meine	—
Dat.	einem keinem meinem	—	einem keinem meinem	—	einer keiner meiner	—	Ø keinen meinen	—

TN ergänzen in der Tabelle die Adjektivendungen. Sie übertragen die Tabelle ins Heft / aufs Flipchartblatt. Es entsteht ein Lernplakat, das im Klassenraum aufgehängt wird.

In lernschwächeren Gruppen bestimmt KL, welche Adjektivendung geübt wird: Nominativ, Akkusativ oder Dativ. Am Anfang empfiehlt es sich, in Kleingruppen nur eine Adjektivendung mit dem Ball üben zu lassen. Wenn z. B. die Akkusativendung geübt wird, kann der Ablauf so aussehen: KL schreibt 5 Adjektive aus DS B an die Tafel. TN 1 sucht sich ein beliebiges Adjektiv aus, z. B. *regelmäßig + Reinigung*, nennt dazu auch das Nomen und wirft den Ball TN 2. TN 2 bildet die passende Adjektivendung: *eine regelmäßige Reinigung*.

Variante
In lernstärkeren Gruppen bestimmt TN 1 zu dem Adjektiv und Nomen auch den Kasus: *qualifiziert + Experte + Akk*. TN 2 bildet dann: *einen qualifizierten Experten*.

C Bitte trennen Sie …

Vorschlag zu Aufgabe KB 1/ÜB 1: Ein Brief von der Hausverwaltung

KL lässt TN raten, was „Hausverwaltung" bedeutet. An der Tafel kann ein Netz entwickelt werden, indem zunächst Assoziationen skizziert werden: *Haus › Wohnung › Immobilie › Miete zahlen › Heizung › Klimaanlage* etc. KL erklärt, wenn nötig, was eine Hausverwaltung macht: Hausverwaltung heißt auch Miet- oder Wohnungsverwaltung. Sie ist für die administrativen Tätigkeiten zuständig (Rechnungen bezahlen, Aufträge vergeben, etc.) und sie ist nicht mit dem Hausmeister zu verwechseln, der kleine Reparaturen ausführt. Nicht in allen Ländern sind dieses Konzept und diese Unterscheidung geläufig.

Vorschlag zu Aufgabe KB 2/ÜB 3: Wie trenne ich meinen Müll richtig?

KL beschriftet die Flipchartblätter mit jeweils einem anderen Mülleimer. KL bestimmt fünf Plätze im Kursraum, z. B. alle vier Ecken und die Mitte des Raumes. Auf jedem Platz liegen das umgedrehte Flipchartblatt und ein Filzstift. KL spielt vom CD-Player oder Smartphone schnelle Musik ab. Solange die Musik läuft, bewegen sich TN frei durch den Kursraum. Wenn die Musik gestoppt wird, wenden sich TN dem nächstgelegenen Flipchartblatt zu, drehen sie es um und schreiben zu dem angegebenen Mülleimer möglichst viele Gegenstände, die dorthin gehören. Wenn die Musik ertönt, bewegen sich TN wieder. Beim nächsten Stopp korrigieren TN zunächst die Wörter der vorherigen Gruppe und überlegen, ob der aufgeschriebene Gegenstand in diese Mülltonne gehört. Dann ergänzen sie neue Gegenstände. Zum Schluss werden die Flipchartblätter verglichen und ggf. korrigiert.

D Ihr Gebäude – wir managen es!

Vorschläge zu Aufgabe KB 1/ÜB 2: BGM GmbH – Servicezentrale

Würfelspiel: Wer macht was – Haustechniker, Reinigungskraft oder Sicherheitskraft? › Kopiervorlage 49
TN arbeiten zu viert. TN 1 würfelt und stellt sich mit seiner Spielfigur (z. B. Verschlusskappe, Radierer oder Münze) auf das abgezählte Feld. Er fragt z. B. *Wer kann das Treppenhaus reinigen?* TN 2 antwortet: *Das kann die Reinigungskraft machen. / Für die Reinigung vom Treppenhaus ist eine Reinigungskraft zuständig.* TN 3 sagt, was er gemacht hat: z. B. *Ich habe das Treppenhaus gereinigt*. TN 4 würfelt nun und formuliert die passende Frage, usw.

Aussprache

Aussprachehilfe zu Diphthongen

TN arbeiten in Kleingruppen und notieren auf Kärtchen zwei Wörter mit Diphthong, z. B. *Leuchte – kaufen*. Wenn alle Kärtchen beschrieben sind, zeigt eine Gruppe den anderen Gruppen ein Kärtchen. Diese müssen mit diesen Wörtern nacheinander einen Satz bilden, z. B. *Ich muss eine Leuchte kaufen*. Dafür gibt es 2 Punkte. Wenn eine andere Gruppe diesen Satz neu bildet und um ein weiteres Wort mit einem Diphthong ergänzt, bekommt sie für jedes neue Wort mit Diphthong einen Punkt: *Ich gehe raus und kaufe eine neue Leuchte*. Für diesen Satz gibt es dann 4 Punkte. Nun ist die nächste Gruppe dran. Gewonnen hat die Gruppe mit den meisten Punkten.

Lektion 16

LEKTIONSGESCHICHTE

Herr Reinhardt macht eine Geschäftsreise nach Hamburg. Er hat sich im Internet über Hotels informiert und seine Firma hat ein Zimmer für ihn reserviert. Nachdem er die Buchungsbestätigung erhalten hat, ruft er beim Hotel an, weil das Reisedatum und das Zimmer in der Reservierungsbestätigung falsch sind. Er fliegt nach Hamburg. Dort checkt er im Hotel ein. Da er etwas Zeit hat, besichtigt er die Stadt. Beim Auschecken beschwert sich Herr Reinhardt über das Frühstück und erklärt, dass es Probleme mit der Dusche gab.

A Auf Geschäftsreise

Vorschlag zu Aufgabe KB 1:
Ein Hotelzimmer in Hamburg

Zusatzaufgabe:

TN bringen Flyer/Fotos von Hotels mit. Zu jedem Hotel notieren TN Informationen zu folgenden Stichworten in Form einer Tabelle auf einem Blatt Papier:

> 1. Name des Hotels: …
>
> 2. Übernachtung mit/ohne Frühstück (Preis): …
>
> 3. Lage: …
>
> 4. Flughafen/Bahnhof: …
>
> 5. Hotelausstattung: …

KL sammelt alle Hotelfotos und tabellarischen Beschreibungen, mischt sie und jeder TN zieht eine neue Beschreibung mit passenden Fotos. Die Sitznachbarn erklären sich nun gegenseitig, wohin sie reisen und was das Hotel bietet: *Ich reise nach München und wohne im Hotel „Postweg". Es ist gut, aber/weil …*

B Auf dem Weg nach Hamburg

Vorschlag zu Aufgabe KB 6:
Ich checke im Hotel ein

Kartenspiel: Einchecken › Kopiervorlage 50
TN üben die Situation im Hotel und arbeiten in Paaren. Jedes Paar erhält Kärtchen mit Begriffen. Die Kärtchen liegen verdeckt auf dem Tisch. TN 1 zieht ein Kärtchen, dreht es um und liest z. B. *Frühstück* und formuliert eine Frage: *Entschuldigung, können Sie mir sagen, wann es jeden Morgen Frühstück gibt?* Wenn auf der Karte ein Fragezeichen ist, steht dieses für einen Joker, also TN bildet eine beliebige Frage zum Thema „Reisen". TN 2 gibt die passende Antwort, z. B. *Jeden Morgen um 7.30 bis 10.00 Uhr gibt es Frühstück.*
Lernstärkere TN können weitere Begriffe zum Thema „Einchecken" auf den leeren Kärtchen des Kartenspiels ergänzen.

C Unterwegs in der Stadt

Vorschlag zu Aufgabe KB 1/ÜB 1:
Hamburg an einem Tag

Zusatzaufgabe

TN sammeln und notieren Informationen oder persönliche Erfahrungen zu einer Stadt, die sie in einem Blog vorstellen möchten: es kann irgendeine Stadt in Deutschland sein (z. B. Berlin) oder die Stadt, in der der Sprachkurs in Deutschland (z. B. Düsseldorf) oder im Ausland (z. B. Prag) besucht wird oder der Ort, an dem der Firmensitz ist, etc. Wichtige Informationen wie z. B. Lage, Einwohner, Sehenswürdigkeiten, Wirtschaft, Spezialität, etc. recherchieren TN im Internet.
TN arbeiten in Paaren. Sie diskutieren die Inhalte, die sie im Blog vorstellen möchten. Sie schreiben die Einträge auf ein Plakat oder in den PC, wenn möglich mit Fotos. Die Blogeinträge werden im Kursraum präsentiert, indem die Plakate im Raum an einer Schnur oder an der Wand aufgehängt werden. Je nach Möglichkeit können sie sogar online gestellt werden.

Alternative: TN sammeln Informationen und Fotos zu einer Stadt oder mehreren Städten in Deutschland auf Plakaten und gestalten so einen Mini-Deutschlandreiseführer und hängen ihn im Kurs auf.

Vorschlag zu Aufgabe KB 2:
Temporale Nebensätze mit „als" und „wenn"

In vielen Sprachen gibt es den Unterschied zwischen „als" und „wenn" nicht. Deswegen ist es wichtig, darauf zu achten.
KL gibt Zeit vor. TN notieren möglichst viele Sätze mit beiden Konnektoren. Danach bilden TN zwei große Gruppen. Zunächst liest TN 1 aus der Gruppe 1 seinen Satz vor. Dieser wird von der Gruppe 2 begutachtet. Wenn der Satz korrekt war, darf die gleiche Gruppe noch einen Satz vorlesen. Nach maximal fünf richtigen Sätzen oder wenn ein Satz korrigiert werden musste, ist die Gruppe 2 dran. KL oder ein anderer TN vergibt für jeden richtig gebildeten Satz einen Punkt. Gewonnen hat diejenige Gruppe, die um zwei Punkte geführt hat.

Hinweise zu den Lektionen

Vorschlag zu Aufgabe ÜB 3d:

Jedes Mal, wenn …
KL schreibt „immer wenn" und „jedes Mal wenn" an die Tafel. Dann sammeln TN eine Liste von Verben, die KL an der Tafel notiert, z. B. *frühstücken, in die Stadt gehen, etc.* KL zeigt auf „immer wenn" und TN wählen eines der Verben von der Tafel, z. B. *frühstücken* und TN bildet zwei Satzvarianten: *Immer wenn ich frühstücke, nehme ich einen Kaffee./Ich nehme immer einen Kaffee, wenn ich frühstücke.* Dann zeigt KL auf „jedes Mal wenn" und ein anderer TN ruft: *in die Stadt gehen* und bildet auch hier zwei Satzvarianten: *Jedes Mal wenn ich in die Stadt gehe, kaufe ich eine Zeitung./Ich kaufe jedes Mal eine Zeitung, wenn ich in die Stadt gehe.*

D An der Hotelrezeption

Vorschläge zu Aufgabe KB 3: Auschecken

Kartenspiel: Auschecken › Kopiervorlage 51
TN arbeiten in Paaren. Sie erhalten Karten mit Situationen, die beim Auschecken vorkommen. In den Situationen sind beide Seiten vertreten: sowohl der Gast als auch der Rezeptionist. TN ziehen abwechselnd eine Karte mit der Situationsbeschreibung, z. B. *Sie fahren nach Hause. Was sagen Sie an der Hotelrezeption?* TN formuliert die entsprechende Frage/Aussage, z. B. *Ich möchte auschecken.* Der jeweilige Partner kann dann entsprechend antworten, z. B. *Sehr gerne. Welche Zimmernummer haben Sie?*

Alternative: Lernstarke Gruppen können diese Aufgabe als Kugellager (Spielbeschreibung in der Einleitung) spielen: der innere Kreis bekommt entweder die grauen Kärtchen mit Situationen aus der Perspektive des Gastes und formuliert Beschwerden, Fragen oder Wünsche an den Gesprächspartner oder die weißen Kärtchen mit Anweisungen für den Rezeptionisten. Der äußere Kreis muss dann reagieren. Später kann getauscht werden.

Rechtschreibung

Vorschlag zu Aufgabe ÜB 1: „s"-Laute

Rücken-an-Rücken-Diktat: 2 TN sitzen Rücken an Rücken und diktieren sich abwechselnd je einen Satz aus der Geschichte „Ein besonderes Kleidungsstück": TN 1 beginnt und diktiert den ersten Satz, TN 2 schreibt und diktiert dann den nächsten Satz usw. Das Diktat wird solange weitergeführt, bis beide Partner gemeinsam das Diktat geschrieben haben. Zum Schluss hören TN die Geschichte noch einmal, vergleichen ihre Texte und korrigieren die Fehler. Gewonnen hat der TN, der die wenigsten Fehler gemacht hat.

Lektionswortschatz

TN kleben sich gegenseitig ein Blatt Papier auf den Rücken. Jeder TN bekommt einen dicken Filzstift. KL gibt das Thema „Geschäftsreise" vor. Er spielt schnelle Musik, TN bewegen sich im Raum. Nach einiger Zeit stoppt KL die Musik, TN gehen zum nächsten „Rücken" und schreiben Vokabeln zum vorgegebenen Thema auf das Blatt. Nach 2-3 Minuten setzt die Musik wieder ein und TN bewegen sich erneut. Beim nächsten Stopp wählen sie einen anderen „Rücken", auf den sie schreiben usw. KL bestimmt die Anzahl der Durchgänge. Danach entfernen TN die Zettel vom Rücken und versuchen mit möglichst vielen Wörtern einen kurzen Text zu schreiben. Zum Schluss bringen TN alle Geschichten an der Tafel/Wand an.

Louis Widmer SA

FIRMENINFORMATION

Die Firma Louis Widmer Swiss Dermatologica ist ein international tätiges Unternehmen mit Tochterfirmen und Partnern. Der Grundgedanke des 1960 gegründeten Kosmetikunternehmens liegt in der Entwicklung von Pflegeprodukten, die die neuesten wissenschaftlichen Erkenntnisse aus der Dermatologie berücksichtigen.

Vorschlag zu Aufgabe KB 1a: Das Unternehmen Louis Widmer SA

Einstieg
KL fordert TN auf, sich Gedanken über den Titel „Swiss Dermatologica" zu machen: TN sammeln in einem Assoziogramm Wörter, die sie mit dem Begriff verbinden: z. B. *Schweiz, Haut, Hautkrankheit, Kosmetik, Flasche, Creme, Salbe, Pharma- und Kosmetikindustrie, etc.*
Falls Fragen kommen, erklärt KL kurz die Abkürzung SA = *société anonyme*, als frz. Rechtsform, bei der die Gesellschafter nicht öffentlich bekannt sind.

Alternative
Es ist möglich, dass das Unternehmen oder seine Produkte auch in den Heimatländern der TN bekannt sind. TN bilden Gruppen zu viert. Jede Gruppe schaut sich die Webseite der Firma unter http://www.louis-widmer.de an, die auf Deutsch und Englisch zur Verfügung steht. KL weist ausdrücklich darauf hin, dass TN an dieser Stelle noch nicht den Werbefilm ansehen. Als Vergleich recherchiert jede Gruppe im Internet nach Unternehmen, die es in ihren Heimatländern gibt. Dann wählt jede Gruppe ein Unternehmen aus und gestaltet ein Plakat mit einem Firmensteckbrief wie er zu Louis Widmer im Kursbuch, Aufgabe 1a, beispielhaft vorliegt.

Lektion 17

> **LEKTIONSGESCHICHTE**
>
> Die Firma Haffner braucht dringend neue Werbeartikel und lässt sie sich von Herrn Pilner von der Firma Promo-Effekt präsentieren. Die Mitarbeiter diskutieren ausgiebig, welche Artikel sie bestellen wollen und schicken eine Anfrage an Promo-Effekt. Diese muss nachträglich noch einmal geändert werden. Nun erhalten sie von der Firma Promo-Effekt ein Angebot. Die Mitarbeiter sind mit dem neuen Angebot einverstanden und die Werbeartikel werden sofort bestellt.

A Werbeartikel, aber welche?

Vorschlag zu Aufgabe KB 1a / ÜB 1: Kleine Werbegeschenke

Memoryspiel (Spielbeschreibung in der Einleitung)
› Kopiervorlage 52

TN arbeiten in Kleingruppen zu viert und mischen die Karten und legen sie verdeckt auf den Tisch. TN decken wie beim Memoryspiel immer zwei Kärtchen auf und versuchen dabei der Bezeichnung ein passendes Bild zuzuordnen und nennen aber beim Aufdecken immer den jeweiligen Werbeartikel mit dem bestimmten Artikel und der Pluralform. Haben sie kein Pärchen gefunden, decken sie ihre Karten wieder zu und der nächste TN ist dran. Wer die meisten Karten richtig zugeordnet bzw. die meisten Pärchen gefunden hat, hat gewonnen.

Zusatzaufgabe

TN arbeiten in Gruppen und diskutieren zusätzlich die Fragestellungen: *Welche Werbegeschenke schenken Sie? Welche Werbeartikel schenkt Ihre Firma? Wann schenken Sie die Werbeartikel? Warum sind Werbeartikel wichtig/unwichtig?* Anhand dieser Fragen zu dem Thema „Werbeartikel" gestalten TN Plakate. Diese werden im Kursraum angebracht. KL bespricht mit TN interessante / wichtige Punkte.

Hier ist eine Abgrenzung vom Thema „Persönliche Geschenke" notwendig, denn z. B. werden in Jordanien oder in China, wenn der Chef heiratet, sehr teure Geschenke gemacht. In Deutschland gibt es eine Karte mit einem Gutschein, ggf. einen Blumenstrauß. KL kann auch thematisieren, was man als Beschenkter behalten darf und was nicht. Das ist in unterschiedlichen Ländern anders geregelt. In vielen deutschen Firmen ist z. B. geregelt, bis zu welchem Wert (von 5, 10 oder 20 Euro) man etwas behalten darf.

B Zusammen entscheiden

Vorschlag zu Aufgabe KB 3 / ÜB 2: Vergleiche

Würfelspiel › Kopiervorlage 53

KL teilt TN in Gruppen von vier oder sechs Personen. Jede Gruppe benötigt einen Spielplan, einen Würfel, die entsprechende Anzahl Spielfiguren und ein Set Karten. Diese legen TN verdeckt neben den Spielplan.

TN stellen ihre Figuren in der Mitte des Spielplans auf. Wer zuerst eine Sechs würfelt, beginnt. Die Spieler würfeln der Reihe nach und können vom Mittelfeld aus ihre Figuren nach Belieben bewegen. Wer auf einem hellgrauen, schraffierten oder schwarzen Feld landet, zieht eine Spielkarte, liest den darauf angegebenen Begriff vor und bildet einen Vergleichssatz, der zum angegebenen Thema passt und in dem – entsprechend den Angaben auf dem Spielplan – ein Adjektiv (Grundform, Komparativ oder Superlativ) vorkommt, z. B. *Die Firma Müller ist genauso bekannt wie Firma Schrader. / Die Firma Müller ist bekannter als die Firma Schneider. / Die Firma Müller ist hier am bekanntesten.* Wenn die Mitspieler mit dem Satz einverstanden sind, erhält der Spieler die ebenfalls auf dem Spielplan angegebene Punktzahl. Andernfalls gewinnt er keine Punkte. Wer auf einem weißen Feld landet, zieht keine Karte und hat somit auch keine Gelegenheit, Punkte zu erwerben. Gewonnen hat der Spieler, der als erster 50 Punkte erreicht und eine Sechs würfelt, um den Spielplan zu verlassen. Jede Richtung ist dabei erlaubt.

C Wie ist Ihr Angebot?

Vorschlag zu Aufgabe KB 1: Eine formelle Anfrage

TN arbeiten in Gruppen zu viert. Jede Gruppe hat ein Flipchartblatt. TN schreiben eine Checkliste für das Schreiben der formellen Briefe anhand der Anfrage im Kursbuch auf das Blatt. KL kann TN auch auf die Checkliste „Briefe schreiben" aufmerksam machen, die TN zur DS 11D, Aufgabe 3, erstellt haben. Jede Gruppe lost ein Werbeprodukt aus der DS A aus oder KL bringt in einer Stofftasche ähnliche Werbeprodukte mit. Jede Gruppe zieht dann einen Gegenstand aus der Stofftasche, zu dem sie eine formelle Anfrage schreibt. Die benachbarte Gruppe erhält die Anfrage, vergleicht, ob alle Punkte berücksichtigt wurden und gibt mit dem entsprechenden Kommentar / mit der entsprechenden Empfehlung die Anfrage an die ursprüngliche Gruppe zurück.

Alternative:

TN arbeiten in Gruppen zu viert. Sie schreiben auf Moderationskarten die wichtigsten Punkte (Adressen, Datum, Anrede, Einleitung, Angaben zum Produkt und zur

Hinweise zu den Lektionen

Lieferzeit, Schlusssatz, Grußformel, Unterschrift, Anlage) anhand der Anfrage im KB. TN übergeben die beschrifteten Moderationskarten an die nächste Gruppe. In dieser Gruppe beraten TN, ob etwas fehlt, ggf. ergänzen sie das und verfassen dann eine Anfrage. Die Anfragen werden dann im Kurs verglichen.

Vorschlag zu Aufgabe KB 3:
Der Konjunktiv II als Form für Höflichkeit

Wimmelspiel: Konjunktiv II › Kopiervorlage 54
TN A zieht ein Kärtchen, z.B. *Werbeartikel ansehen* und geht zu einem beliebigen TN B. TN A bildet nun mit den Stichworten eine höfliche Bitte im Konjunktiv II und richtet sie an TN B: *Würden Sie bitte die Werbeartikel ansehen? Ich bin im Urlaub.* TN B reagiert spontan: *Ja, gern. / Tut mir leid, leider bin ich auch weg.* Danach tauschen die TN ihre Kärtchen aus und begeben sich zu jeweils einem anderen TN, mit dem sie neue Sätze bilden. Das Wimmelspiel wiederholt sich solange, bis KL das Spiel beendet.

Alternative:
Das Wimmelspiel kann auch zur Paarbildung verwendet werden: KL lässt flotte Musik spielen. TN bewegen sich im Raum. Beim Stoppen wenden sich die nahestehenden TN zueinander und formulieren Sätze. Sie bilden dann ein Team.

D Das Angebot kommt

Vorschlag zu Aufgabe KB 1 / ÜB 1, 2:
Von der Bestellung bis zur Lieferung

TN arbeiten in Paaren. Sie betrachten das Schaubild im Kursbuch. TN befinden sich in folgender Situation: TN A soll einen Werbeartikel für die Recruitingmesse organisieren und dem Auszubildenden erklären, was wichtig ist. TN B ist Auszubildende/r und stellt Fragen, z.B. *Wer ist der Anbieter?* TN A: *Das ist die Firma Promo-Effekt. Sie liefert uns die Werbeartikel. …*

Vorschlag zu Aufgabe KB 3:
Und jetzt der Auftrag!

KL macht TN auf die Checkliste „Briefe schreiben" aufmerksam, die TN zur DS 11D, Aufgabe 3, erstellt haben. TN schreiben mit Hilfe der Checkliste, die sicher noch im Kursraum hängt, einen Auftrag. Dafür gibt KL die zeitliche Vorgabe von 30 Minuten. Dann gibt jeder TN seinen Auftrag an den Sitznachbarn weiter. Fehler werden nicht korrigiert, indem sie rot angestrichen werden, sondern nur mit dem Bleistift umrundet. Nach 10 Minuten wandert der Auftrag an den ursprünglichen Schreiber zurück. TN diskutieren die Korrekturvorschläge untereinander. KL steht beratend zur Seite.

Aussprache

Vorschläge zum „ü"-Laut
TN arbeiten in Paaren und schreiben 6-8 Sätze für ein Diktat, das sie einem anderen Paar diktieren werden. In jedem Satz muss ein Wort mit dem Laut „ü" und ein Wort mit dem Laut „u" stehen, z.B. *Frau Kühn macht ein Praktikum.* Als Hilfe notiert KL zunächst an der Tafel einen Steckbrief mit den Stichworten unten.

Steckbrief

Name	Herr / Frau Kühn, Herr / Frau Gruner …
Wohnort	München, Thurn
Arbeitsplatz	Büro, Buchhaltung
Essen	Gemüse, Wurst
Hobby	Bücher, Musik
Extra	Überraschung, Wunsch

Aus den Paaren entstehen Vierergruppen. Der Reihe nach diktieren sie sich abwechselnd je einen Satz.

Variante
Lernstärkere Paare ergänzen in der Tabelle weitere Wörter mit dem Laut „ü" und „u" zu den Stichworten. Dann erstellen die Zweiergruppen ein Diktat. KL bestimmt, welches Paar welches Diktat erstellt. Es gibt folgende Möglichkeiten:

Diktat 1:
Bilden Sie Sätze. In jedem Satz müssen zwei Wörter den Laut „ü" haben, z.B. *Herr Kühn steht in der Tür. Er wohnt in München, aber seine Frau ist aus der Türkei.*

Diktat 2:
Bilden Sie Sätze. In jedem Satz müssen zwei Wörter den Laut „u" haben, z.B. *Das ist Frau Grunert und sie lebt in Thurn.*

Diktat 3:
Bilden Sie Sätze. In jedem Satz muss ein Wort den Laut „ü" und ein anderes Wort den Laut „u" haben, z.B. *Das ist Frau Kühn und sie macht ein Praktikum.*

Die Zweiergruppen diktieren sich abwechselnd je einen Satz.

Lektion 18

LEKTIONSGESCHICHTE

Frau Noll von der Firma „Krüger-Berufsbekleidung" bestellt Berufskleidung für Handwerker und telefoniert mit Herrn Renz, Mitarbeiter der Großhandelsfirma „Mertens AG". In der Lieferung gibt es später einige Fehler, die Frau Noll schriftlich reklamiert. Eine Kundin, Frau Raue, kauft bei „Krüger-Berufsbekleidung" medizinische Berufskleidung. Dabei lässt sie sich von der Verkäuferin beraten. An der Kasse klärt der Kassierer sie über den Lieferschein auf. Nachdem Frau Raue die Kleidungsstücke gewaschen hat und diese eingelaufen sind bzw. abgefärbt haben, beschwert sie sich schriftlich beim Geschäftsführer.

A Berufskleidung

Vorschläge zu Aufgabe KB 1/ÜB 1: Berufsbekleidung und ihre Ausstattung

Einstieg
KL führt ein Gespräch mit den TN, z. B. *Tragen Sie Berufsbekleidung? Wie sieht sie aus? Wer kauft sie? Wo können Sie sie kaufen? Gibt es spezielle Geschäfte?* etc. KL nennt einige Internetseiten bezüglich der Berufsbekleidung und -mode, wo sich TN informieren können: www.engelbertstrauss.de/berufsbekleidung; www.berufsbekleidung.de; www.clinicdress.de

Variante: Tafelralley (Spielbeschreibung in der Einleitung) TN bilden zwei Gruppen. Jede Gruppe bekommt ein Flipchartblatt oder die Gruppenmitglieder stellen sich in zwei Reihen zur Tafelrückseite. TN betrachten die Bilder im KB eine Minute lang. Danach schreiben Sie zwei Minuten lang möglichst viele Komposita im Plural. TN entscheiden selbst, ob nur einer für die ganze Gruppe schreibt oder jedes Gruppenmitglied ein Wort aufschreibt. Zum Schluss tauschen die Gruppen die Flipchartblätter untereinander oder tauschen Plätze vor der Tafel. TN korrigieren die Wörter. Einen Punkt gibt es für eine richtige Zusammensetzung und korrekte Pluralform. Gewonnen hat die Gruppe mit den meisten richtigen Einträgen bzw. den meisten Punkten.

Vorschläge zu Aufgabe KB 3/ÜB 2: Noch mehr Bestellungen bei dem Großhandel für Berufsbekleidung, Mertens AG

TN arbeiten in vier Gruppen. Gruppe 1 hat die Berufsgruppe „Medizin/Pflege", Gruppe 2 „Handwerk", Gruppe 3 „Gastronomie" und Gruppe 4 „Dienstleistungen". Alternativ fertig KL Kärtchen mit Berufen aus der Übung 1a im Übungsbuch an und lässt TN zu den genannten Berufsgruppen zusammenfinden. Die Anzahl der TN pro Gruppe bestimmt KL anhand der aktuellen Gruppengröße. Jede Gruppe erstellt einen Bestellschein mit Artikeln für die jeweilige Berufsgruppe und erhält ein Budget von 500 Euro. Sie muss dann Berufskleidung bestellen. Lernschwächere Gruppen konzentrieren sich nur auf zwei Berufe.

Alternative
KL bereitet Kärtchen mit Berufen vor. TN arbeiten in Paaren. Sie erstellen eine Bestellung mit der Berufsbekleidung für ihre Kunden. Im Plenum lesen TN den Bestellschein vor: *Wir bestellen für unsere Kunden …* und fragen: *Wer sind unsere Kunden?* Die Gruppen dürfen maximal zwei Vorschläge machen. Einen Punkt bekommt nur die Gruppe, die als erste den Beruf erraten hat.

B Eine Reklamation

Vorschlag zu Aufgabe KB 1b: Die Lieferung ist angekommen, aber leider …

KL lässt alle Sätze aus der Mail in zwei Hauptsätze zerlegen, z. B. *Sie enthält im Prinzip alle Kleidungsstücke, die wir bestellt haben, …* › *Sie enthält im Prinzip alle Kleidungsstücke. Wir haben alle Kleidungsstücke bestellt.* TN erkennen, dass sich der grau unterlegte Satz in der Mail auf ein Wort im vorherigen Satz bezieht und dadurch eine Person/Sache genauer definiert.

Vorschlag zu Aufgabe KB 1c/ÜB 1: Die Lieferung ist angekommen, aber leider …

TN üben Reklamationen im Rollenspiel als Rätsel. TN werden in Kleingruppen geteilt. Aus jeder Kleingruppe geht ein TN nach draußen/hinter die Tür. Der Rest der jeweiligen Gruppe einigt sich auf einen Artikel, den sie reklamieren wollen, z. B. der verabredete Artikel ist eine Latzhose mit Zollstocktaschen. Sie überlegen sich auch Redemittel, die sie äußern möchten: *Wir haben einen Artikel bestellt. Das Produkt ist falsch. Es gibt ein Problem. …* Wenn TN in die Gruppen zurückkehren, versuchen Sie herauszufinden, um was es sich handelt. Sie stellen Ja-/Nein-Fragen, z. B. *Ist die Lieferung angekommen? Waren Sie zufrieden? War die Farbe nicht richtig? …* und die anderen dürfen nur mit „Ja" oder „Nein" antworten bis der TN das Produkt erraten hat.

Vorschlag zu Aufgabe KB 2/ÜB 3: Relativpronomen und Relativsätze

Pyramidenpuzzle › Kopiervorlage 55
TN arbeiten in Paaren und setzen die Relativsätze bzw. die Dreiecke zu einer Pyramide zusammen. Für lernstärkere TN kopiert KL eine zusätzliche Reihe an leeren Dreiecken,

Hinweise zu den Lektionen

die von TN mit Relativsätzen ergänzt und an eine andere Gruppe weitergegeben werden. Damit können diejenigen, die früher fertig sind, neue Bausteine von einem benachbarten Paar erhalten und ihre Pyramide erweitern.

C Richtig angezogen im Beruf

Vorschlag zu Aufgabe KB 2/ÜB 2: Empfehlungen mit „sollen" im Konjunktiv II

Würfelspiel: Empfehlungen mit „sollen"
› Kopiervorlage 56
TN arbeiten in Gruppen zu viert. Jede Gruppe erhält einen Kartenset, das in einem Stapel umgedreht auf dem Tisch liegt und einen Würfel. TN 1 nimmt eine Karte, z. B. *Hose – in Gr. L anprobieren* und würfelt die Zahl 3. Die Augenzahl bestimmt die Person: 1 Auge = ich, 2 Augen = du, 3 Augen = er/sie/es, 4 Augen = wir, 5 Augen = ihr, 6 Augen = Sie/sie TN 2 bildet einen Satz: *Er sollte die Hose anprobieren*. TN 3 reagiert: *Ja, das sollte er wirklich tun*. TN 4 korrigiert gegebenenfalls. Dann nimmt TN 2 eine Karte und würfelt, TN 3 bildet einen Satz, TN 4 reagiert und TN 1 kontrolliert, usw.

Vorschlag zu Aufgabe KB 4/ÜB 4: „brauchen nicht/kein- ... zu ..."

Würfelspiel › Kopiervorlage 56
Die Kopiervorlage 56 dieser Lektion lässt sich auch als ergänzende Übung zu „brauchen nicht/kein- ... zu ..." einsetzen. TN arbeiten zu zweit und sie erhalten Karten, die verdeckt auf dem Tisch liegen sowie einen Würfel für die Personenbestimmung. TN A zieht eine Karte, z. B. *Hose in Gr. L anprobieren* und würfelt die Zahl 3. TN B sagt: *Er braucht keine Hose anzuprobieren*. TN A korrigiert gegebenenfalls.

D Die Ware ist mangelhaft!

Vorschlag zu Aufgabe KB 2/ÜB 2: Lösungsvorschläge

Würfelspiel › Kopiervorlage 57
TN arbeiten zu viert. Sie benötigen das Spielbrett, Spielfiguren (z. B. Münzen, kleine Gegenstände wie Verschlusskappen von Stiften oder auch Radierer etc.) und einen Würfel. TN würfeln der Reihe nach. Auf dem gewürfelten Spielfeld bildet TN einen Satz zum Thema „Reklamation/Beschwerde", z. B. *Ich beschwere mich bei Ihrem Chef*. Wenn TN den Satz nicht bilden kann, bleibt er auf dem Feld stehen. An seiner Statt bildet ihn ein anderer TN.

Alternative
Die Übung verläuft schriftlich. TN arbeiten zu viert. Jeder TN oder jeweils ein Paar würfelt und das andere Paar schreibt gemeinsam Sätze auf ein Blatt Papier auf. Erst zum Schluss werden die Blätter getauscht, die Korrekturen vorgenommen und an das ursprüngliche Paar zurückgegeben.

Aussprache

Vorschläge zu „ö"
KL schreibt die Wörter entweder auf Zuruf oder die untenstehenden Wörter an die Tafel. TN erhalten Zettel und schreiben Sätze, also jeweils einen Satz auf einen Zettel, in denen mindestens zwei Wörter mit dem Laut „ö" vorkommen: *Ich möchte als Köchin in Österreich arbeiten*. KL sammelt die Zettel ein. Danach zieht jeder TN zwei oder mehr Zettel und liest den Satz laut vor, indem er aber vermutet, wer der Schreiber ist: ***Elena*** *möchte als Köchin in Österreich arbeiten*. Die genannte Person sagt, ob das stimmt oder nicht, und ist als nächstes dran.

Beförderung, Brötchen, Erhöhung, Französisch, Höhe, Klößchen, Köchin, (Kopf)Hörer, Körper, Lösung, Österreich, Söckchen
bewölkt, möglich, nötig, (un)höflich, wöchentlich
abhören, aufhören, erhöhen, gehören, löschen, mögen, öffnen, stören

Lektion 19

LEKTIONSGESCHICHTE

In der Firma gibt es zwei innerbetriebliche Computerfortbildungen. Für die Anmeldung müssen die Mitarbeiter entscheiden, welche Schulung sie belegen möchten. Danach nehmen sie an der EDV-Schulung teil. In der Schulung 2 wiederholt der Dozent zunächst die EDV-Fachbegriffe und dann die Tastenkombinationen für Computerbefehle. Nach der Schulung füllen TN einen Evaluierungsbogen aus. Ein Zeitungsartikel am Ende der Lektion informiert über mobile Arbeitsformen.

A Interne Fortbildung EDV

Vorschlag zu Aufgabe KB 3/ÜB 4d: Der Genitiv bei Eigennamen

KL bringt einen Stoffbeutel oder eine undurchsichtige Tasche mit. Bei kleineren Gruppen bleibt die Gruppe zusammen, bei größeren wird sie geteilt. Der Stoffbeutel geht herum und jeder TN legt eine eigene Sache in den Stoffbeutel. Dann stehen TN im Kreis und ein TN zieht einen Gegenstand aus dem Beutel aus und fragt: *Wessen Radierer ist das?* TN 2 antwortet: *Ich glaube/vermute/meine, das ist Marilyns Radierer.* Wenn es stimmt, erhält die Person den Gegenstand zurück und sie zieht eine weitere Sache aus dem Stoffbeutel.

B Die EDV-Schulung

Vorschlag zu Aufgabe KB 1/ÜB 1: Wortschatz: Computerglossar

KL schreibt das Wort „Computerglossar" in die Mitte an die Tafel/auf den Flipchartbogen, sodass die Buchstaben des Begriffes untereinander stehen. TN finden zu den Buchstaben, also z. B. „C" von „Computerglossar" Wörter aus dem Computerwortschatz, die am Anfang oder in der Mitte ein „C" enthalten, z. B. *PC*. Eine mögliche Lösung wäre:

PC
Ordner
For**M**at
PDF
Unterordner
Da**T**en
E-Mail
Spe**R**ren
Anla**G**e
Festp**L**atte
acc**O**unt
Sicherheit
Server
Attachement
Speiche**R**stick

C Die Evaluierung

Vorschlag zu Aufgabe KB 1: Das Feedback. War die Schulung gut?

Einstieg
KL diskutiert mit TN, dass es unterschiedliche Arten von Evaluationen gibt. Ein Beispiel der schriftlichen Evaluation wird im Kursbuch, Aufgabe 1b, vorgestellt. Manchmal werden Fremdfirmen beauftragt, die die Evaluationen auch telefonisch durchführen.

Karussell (Kugellager) (Spielbeschreibung in der Einleitung)
TN wählen fünf Fragen aus dem Evaluierungsbogen in Aufgabe 1b aus. Die Grundlage für die Bewertung bilden die beiden in den Ausschreibungstexten auf DS A, Aufgabe 1a, vorgestellten EDV-Schulungen. Ein Teil der Gruppe bildet den Innenkreis und der andere Teil der Gruppe den Außenkreis. Zunächst stellt der Innenkreis TN des Außenkreises anhand des Evaluierungsbogens Fragen. Die Antworten notieren sich TN. Nach einem Signal rücken TN weiter und nun befragt der Außenkreis den Innenkreis. Am Ende der Übung werden die Kreise aufgelöst und TN finden sich in zwei Gruppen (pro Schulungsangebot eine Gruppe) wieder. Die Gruppen stimmen sich jeweils untereinander ab. Pro Gruppe gibt es einen Sprecher, der die Gesamtevaluation vorstellt, z. B. *Viele/die meisten/wenige waren zufrieden, weil … haben die Schulung besucht, weil … möchten eine weitere Schulung machen, die …*

Vorschlag zu Aufgabe KB 2/ÜB 1: Das Fragewort „welch-"

Kartenspiel › Kopiervorlage 58
TN arbeiten in Paaren. Alle ausgeschnittenen Kärtchen liegen verdeckt auf dem Tisch. TN A zieht ein Kärtchen und TN B bilden einen Fragesatz mit „welch-", z. B. *Welche Reise haben Sie gebucht?* TN antwortet, z. B. *Die nach Dubai.* Lernschwächere TN bestimmen zunächst den Artikel der einzelnen Wörter und erst danach bilden sie die Fragesätze.

Vorschlag zu Aufgabe KB 5/ÜB 2: Das Fragewort „Was für … ?"

Kartenspiel › Kopiervorlage 58
Die Kopiervorlage 58 dieser Lektion lässt sich auch als ergänzende Übung zum Fragewort „was für …?" einsetzen. TN arbeiten in Paaren. Alle ausgeschnittenen Kärtchen liegen verdeckt auf dem Tisch. TN A zieht ein Kärtchen und TN B bilden einen Fragesatz mit „Was für …", z. B. *Was für eine Reise haben Sie gebucht?* TN A antwortet, z. B. *Eine teure, aber sehr schöne.*

Hinweise zu den Lektionen

D Mobile Arbeit

Vorschlag zu Aufgabe KB 1/ÜB 1: Die Welt wird zum Arbeitsplatz

TN bilden fünf Kleingruppen, indem KL immer bis 5 zählt, sodass alle TN mit der Zahl 1 eine Gruppe bilden, alle TN mit der Zahl 2 bilden eine weitere Gruppe, etc. Jede Gruppe bekommt die Nummer eines Fotos aus dem KB zugeteilt, mit der auch die Gruppe gebildet wurde. Gemeinsam verfassen TN einen Presseartikel zum Thema: „Die Welt wird zum Arbeitsplatz."

Für lernschwächere Gruppen gibt KL Fragen vor:

Wer ist auf dem Foto?
Wo ist die Person?
Was macht sie?
Wie arbeitet sie?
Wo ist der Arbeitsplatz?
Arbeiten Sie / Ihre Kollegen so?
Ist es in Ihrer Heimat / Firma so?

Die entstandenen Presseartikel werden gemeinsam in der Kleingruppe mit KL korrigiert und dann im Raum präsentiert.

Aussprache

Vorschläge zu „ä"

TN arbeiten in Kleingruppen. Sie erstellen Kärtchen mit Wörtern, die die kurzen und langen Vokale „e" und „ä" enthalten, z. B. *gehen, essen, spät, Bäcker* … Jede Gruppe entsendet einen Sprecher mit den Kärtchen in die benachbarte Gruppe, in der er dann die Wörter den anderen TN diktiert. Zum Schluss findet der Abgleich statt: TN vergleichen die Wörter auf den Kärtchen mit den geschriebenen Wörtern. Gemeinsam prüfen sie, was richtig und was falsch geschrieben wurde. KL steht beratend zur Seite.

K+S Gruppe

FIRMENINFORMATION

Die K+S AG, früher Kali und Salz AG, mit Sitz in Kassel, ist ein international aktives Bergbau- und Rohstoffunternehmen mit den Schwerpunkten Kali- und Salzförderung. K+S ist der größte Salzproduzent der Welt und gehört zur Spitzengruppe der internationalen Anbieter von kali- und magnesiumhaltigen Produkten für Landwirtschaft und chemische Industrie.
Das Unternehmen wuchs durch Fusionen und Übernahmen. Die Tochtergesellschaften der K+S sind vornehmlich mit der Vermarktung der eigenen Produkte befasst, aber auch im Dienstleistungsbereich, insbesondere in den Bereichen Entsorgung und Wiederverwertung, tätig.

Vorschlag zu Aufgabe KB 1a: Faszination Salz

Einstieg

TN betrachten zunächst die Fotos im KB. TN beschreiben die Fotos mit eigenen Worten. Mögliche Leitfragen wären:

Was ist auf den Fotos?

Was haben die Personen an?

Welches Material ist das?

KL schreibt sie auf Zuruf an die Tafel.

TN schauen sich dann den Film bis 00:17 an und versprachlichen, was sie gesehen haben und lösen die Aufgabe. Danach lesen TN die Bildunterschriften der Aufgabe im Kursbuch, z. B. *Das sind unsere Firmenwagen* etc. noch einmal und KL fragt: *An welche Firma denken Sie?* Er sammelt die Ideen. Er fragt weiter: *Passt das zu K+S?* Er schreibt eine Tabelle an die Tafel „normale Firma" – K+S. Danach schauen sich TN den Filmanfang noch einmal an und ergänzen die gehörten Stichworte und vergleichen K+S mit einer anderen Firma, z. B. einer Bank oder einer Massagepraxis.

Vorschlag zu Aufgabe KB 1a-c: Wortschatz

TN arbeiten in Kleingruppen zu viert. Jede Gruppe bereitet ein Kreuzworträtsel vor. Für lernschwächere Gruppen legt KL ein Lösungswort fest, z. B. *Faszination*. Zu jedem Buchstaben in dem Lösungswort muss ein Wort in den Übungen 1a-c gefunden werden. Dabei darf der gesuchte Buchstabe im Wort an beliebiger Stelle vorkommen. Als Erklärungshilfe zeichnen TN das gesuchte Wort (z. B. für „F" steht „Firmenwagen". Dieser wird vor die entsprechende Zeile gemalt.) oder geben einen Satz mit Auslassungen vor (z. B. für A steht das A im Wort Kaliprodukte. Die wichtigsten Produkte des Unternehmens K+S sind Salze und _ _ _ _produkte.). Danach tauschen die Gruppen die Kreuzworträtsel aus, füllen sie aus und geben zur Kontrolle / Besprechung an die ursprüngliche Gruppe zurück.

Zusatzaufgabe

Wenn TN aus unterschiedlichen Ländern kommen, recherchieren sie in ihren Heimatländern, welche Bergwerke sich dort befinden und zeichnen diese auf einer Welt- / Landkarte ein. Danach präsentieren sie vor der Gruppe und erläutern, wo sich diese Bergwerke befinden, welche Rohstoffe sie abbauen und ob die Firma K+S daran beteiligt ist.

Lektion 20

LEKTIONSGESCHICHTE

Der Personalreferent Tim Lohse ruft seine Vorgesetzte Vera Kliem an, um mit ihr einen Termin für ein Meeting zu machen. Frau Kliem lädt das Team zur Projektbesprechung zum Thema „Aktive Mittagspause" per Mail ein. Ihre Assistenten Max Rössner und Marie Klages stimmen sich über die Organisation des Meetings ab. Vera Kliem eröffnet die Besprechung und gibt eine Änderung in der Tagesordnung bekannt. Die Teilnehmer der Besprechung tauschen ihre Meinung zu dem Projekt „Aktive Mittagspause" aus. Am Ende steht das Ergebnisprotokoll fest.

A Zeit für ein Meeting?

Vorschlag zu Aufgabe KB 3: Zweck oder Ziel nennen – Nebensätze mit „damit"

Kartenspiel › Kopiervorlage 59
TN arbeiten in Paaren. TN A zieht ein Kärtchen mit dem Stichwort: *Deutsch lernen* und bildet daraus einen Satz. Dabei kann er entscheiden, ob das Stichwort Teil des Nebensatzes ist: *Ich besuche einen Deutschkurs, damit ich Deutsch lerne.* oder Teil des Hauptsatzes ist: *Ich lerne Deutsch, damit ich in Deutschland arbeiten kann.* Wenn TN B mit dem Satz und dessen Konstruktion einverstanden ist, darf er das nächste Kärtchen ziehen.

Alternative
KL gibt den Paaren einen Würfel, dessen Augen für das Personalpronomen stehen, das im Satz benutzt werden muss. Dieses ergibt sich aus der gewürfelten Zahl (1 = ich, 2 = du, 3 = er / sie / es, 4 = wir, 5 = ihr, 6 = Sie / sie). Wenn TN A ein Kärtchen zieht, würfelt TN B. Es fällt die Drei und das Pronomen für die 3. Person Singular muss berücksichtigt werden: *Er besucht einen Deutschkurs, damit er Deutsch lernt. / Damit er Deutsch lernt, besucht er einen Deutschkurs.*

B Organisation ist alles

Vorschlag zu Aufgabe KB 1 / ÜB 1: Ich lade Sie herzlich ein

Im KB und ÜB sind Beispiele für eine Einladung. KL teilt die Lerner in zwei Gruppen. Gruppe 1 schreibt eine Antwortmail mit der Zusage der Teilnahme und mit zwei beliebigen Rückfragen. Gruppe 2 schreibt eine Antwortmail mit einer Absage, mit der Begründung und einem Vorschlag für einen anderen Termin. Nachdem die Mails geschrieben sind, „stellen" sich TN diese auch „zu" bzw. überreichen sich TN diese: Gruppe 1 der Gruppe 2 zu und umgekehrt. Jeder TN schreibt eine kurze Notiz unter die erhaltene Nachricht: TN äußern Freude über die Zusage oder Bedauern über die Absage. Die Notiz wird an den ursprünglichen Absender zurückgegeben.

Vorschlag zu Aufgabe KB 2: Alle haben geantwortet – die Organisation kann beginnen

TN arbeiten in Paaren und erhalten die Anweisung: *Sie organisieren mit einem Kollegen ein Meeting zu einem Thema.* Alternativ gibt KL die Themen vor, wie z. B. „Weiterbildung in der Firma", „Überstunden", etc. TN erstellen einen Organisationsbogen ähnlich wie in Aufgabe 2a auf einem Flipchartblatt und tauschen sich dabei aus. Folgende Redemittel helfen:

Haben Sie am ... um ... Zeit?

Haben Sie ... reserviert / gebucht?

Was fehlt noch?

Brauchen wir noch ...?

Wenn KL die Themen bestimmt hat, finden sich die Paare mit dem gleichen Thema zusammen und vergleichen ggf. ergänzen ihre Ergebnisse.

C Die Besprechung

Vorschlag zu Aufgabe KB 1: Das wollen wir besprechen

TN arbeiten in Gruppen zu viert. Sie einigen sich auf ein Besprechungsthema, das sie auf einem Papierblatt festhalten. Mögliche Themen sind: „Weiterbildung in der Firma", „Überstunden", „Umzug der Firma", „Praktikanten / Auszubildenden". Zu einem ausgewählten Thema erstellen sie maximal sechs Tagesordnungspunkte auf Flipchartpapier mit einem Zeitplan. Gruppen mit dem gleichen Thema vergleichen ihre Tagesordnungspunkte und die Zeitplanung mit denen von den anderen.

Hinweise zu den Lektionen

Vorschlag zu Aufgabe KB 3/ÜB 3: Die Besprechung beginnt

- TOP 1 Begrüßung der Teilnehmer
- TOP 2 Präsentation des Projekts
- TOP 3 Diskussion der Projektideen
- TOP 4 Beschluss zur Projektdurchführung
- TOP 5 Erstellung eines Projektplans
- TOP 6 Bildung des Projektteams

KL zerschneidet die TOPs eines vorbereiteten Besprechungsthemas aus der Vorlage, sodass jeder TN einen TOP-Streifen bekommt und legt sie in einen Umschlag. TN üben nun die Redemittel rund um das Thema „Besprechung". Dazu sitzen sie in einem geschlossenen Kreis. Jeder TN zieht aus dem Umschlag einen Papierstreifen, auf dem ein TOP genannt ist. Nach einer Minute Vorbereitungszeit beginnt derjenige TN zu sprechen, der TOP 1 gezogen hat, z. B. *Begrüßung und Vorstellung*. Dafür steht er von seinem Platz auf und darf maximal eine Minute lang sprechen, z. B. *Guten Morgen, liebe Kolleginnen und Kollegen. Ich begrüße Sie sehr herzlich zur Besprechung von unserem Projekt „…". Bei unserer Tagesordnung gibt es eine kleine Änderung. Ich schlage vor, dass wir TOP … mit TOP … tauschen, damit wir die Einzelheiten gleich in den Arbeitsgruppen besprechen können. Sind Sie einverstanden?* Dann ist TN mit TOP 2 dran.

Anhand dieser Übung üben TN das freie Sprechen vor Publikum und das Anwenden der Redemittel.

D Das halten wir fest

Vorschlag zu Aufgabe KB 3/ÜB 2:

Und wie finden Sie das Projekt?

TN sammeln Redemittel an der Tafel: *Ich glaube / finde (nicht), dass … Ich bin überzeugt, dass … Ich meine … Meine Meinung ist …* etc. TN schreiben auf Kärtchen Aussagen, z. B. *Pilates in der Mittagspause ist gut. Sport in der Mittagspause ist wichtig. Ein Fitnessstudio in der Firma ist wichtig …* TN bilden zwei gegenüberstehende Gruppen. Die einzelnen Gruppenmitglieder lesen ihre Aussagen der Reihe nach vor, auf die die anderen TN einzeln reagieren, z. B. *Da stimme ich Ihnen zu.* KL streicht nach jeder Reaktion ein Redemittel aus der Liste. Erst wenn alle Redemittel ausgeschöpft sind, dürfen sie sich wiederholen.

Aussprache

Vorschlag zu Aufgabe KB 1,2: Der Schwa-Laut

Würfelspiel › Kopiervorlage 60
TN arbeiten in Kleingruppen. Sie würfeln reihum zweimal (einmal waagrecht für die Wortart und die Form, z. B. 1 = Nomen + „Ge-", einmal senkrecht für das Wort z. B. 3 = „bauen") und sagen das gesuchte Wort, z. B. *das Gebäude*.

Alternative
KL verteilt die Kopiervorlage und TN schreiben die gesuchten Wörter in die Felder. Gemeinsam entscheiden sie, was richtig bzw. falsch ausgesprochen und geschrieben wurde. KL steht beratend zur Seite.

Kopiervorlagen

Kopiervorlage 31, Lektion 11A
Würfelspiel: Wortschatz

Gruppe A

TEAM	MEETING	TEAM	KOLLEGEN
ABSCHIEDS	FEIER	WOCHEN	ENDE
NACH	SPEISEN	MANAGEMENT	KURS

Gruppe B

TEIL	NEHMEN	EIN	LADEN
ZU	SAGEN	VER	BRINGEN
MIT	BRINGEN	BE	SUCHEN

Kopiervorlage 32, Lektion 11A
Textpuzzle: Zusagen und Absagen

Hallo Linda,

danke für deine Mail.

Du verlässt uns und gehst zur Edscha GmbH nach Remscheid?

Sehr schade! Wir waren so tolle Teamkollegen!

Deine Einladung freut mich sehr. Aber ich kann leider nicht kommen.

Ich möchte dich nach der Arbeit einladen. Hast du Zeit und Lust?

Viel Spaß bei der Feier!

Liebe Grüße

Maja

Kopiervorlage 33, Lektion 11B
Würfelspiel: Personalpronomen im Dativ

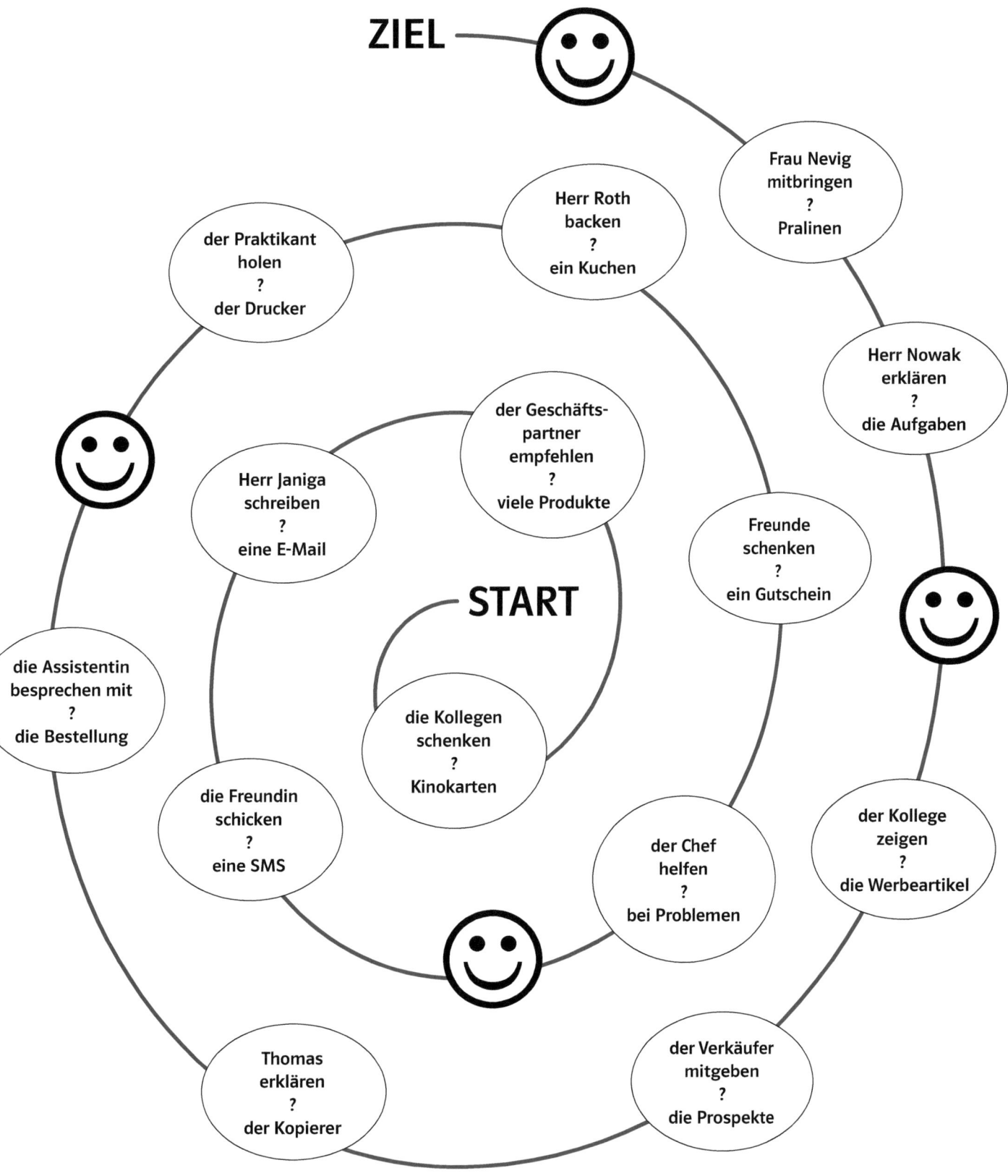

Kopiervorlagen

Kopiervorlage 34, Lektion 11B
Kartenspiel: Geschenke

Personen

die Assistentin	die Mitarbeiter	der Praktikant	die Marketing-leiterin	der Personalchef	die Sekretärin
unsere Kunden	die Vertriebspartner	der Abteilungsleiter	der Geschäfts-führer	die Managerin	die Kollegin

Gegenstände

die Uhr	die Firmenbroschüre	die Krawatte	die Blumen	der Gutschein	das Fotobuch
die Kamera	das Smartphone	die Kugelschreiber	das Tablet	die Reise	die Pralinen

Kopiervorlage 35, Lektion 11D
Textpuzzle: Vielen Dank für die Einladung!

Hallo René,
vielen Dank für deine Einladung. Die Feier war toll! Du hast alles perfekt organisiert.

Endlich habe ich auch deine Frau und deine Tochter kennengelernt. Das war prima!

Und ich konnte auf der Feier mit allen Kollegen sprechen. Das hat Spaß gemacht. Im Büro haben wir immer wenig Zeit für Gespräche.

Das Buffet war sehr lecker und das Grillen war eine gute Idee. Alle Kollegen waren zufrieden.

Hoffentlich sehen uns wir bald wieder. Wir können vielleicht zusammen Kaffee trinken.

Viel Glück und Erfolg bei ReCo wünscht
Lena

Kopiervorlagen

Kopiervorlage 36, Lektion 12A
Notizzettel: Auf Wohnungssuche

Sie haben ein Maklerbüro.

Zurzeit haben Sie nur eine Wohnung im Angebot.

Größe: _____

Zimmer: _____

Lage / Ort: _____

Baujahr: _____

Heizung: _____

Ausstattung: _____
_____

Miete: _____

Nebenkosten: _____

Sie sind auf Wohnungssuche.

Sie suchen dringend eine Wohnung.

Größe: _____

Zimmer: _____

Lage / Ort: _____

Baujahr: _____

Heizung: _____

Ausstattung: _____
_____

Miete: _____

Nebenkosten: _____

Kopiervorlage 37, Lektion 12A
Adjektiv-Puzzle

ohne hohe	Nebenkosten	ohne besondere	Ausstattung
im renovierten	Altbau	gedämmte	Fenster
neue	Heizung	mit separatem	Parkplatz
moderner	Aufzug	mit billigen	Stellplätzen
mit schicker	Einbauküche	in modernem	Energieeffizienzhaus
preiswerte	Wohnung	mit schönem	Blick
mit renoviertem	Bad	ohne sonnigen	Balkon
möbliertes	Zimmer	in ruhiger	Lage

Kopiervorlagen

Kopiervorlage 38, Lektion 12B
Memoryspiel: Einrichtungsgegenstände

Bett	Couchtisch	Esstisch	Herd	Garderobe
Geschirrspüler	Kleiderschrank	Kommode	Küchenschrank	Lampe
Regal	Sessel	Sofa	Spüle	Stuhl
Teppich	Kühlschrank	Stehlampe	Schreibtisch	Grünpflanze

Kopiervorlagen

Kopiervorlage 39, Lektion 13A
Fragebogen

Fragebogen	Bei uns / In meinem Land: _____	In Deutschland
1. Gibt es die duale Ausbildung?		
2. Wie lange dauert die Berufsausbildung?		
3. Kostet die Berufsausbildung Geld?		
4. Wo lernt man die Berufspraxis?		
5. Wo lernt man die Theorie?		
6. Welche Voraussetzungen gibt es?		

Kopiervorlage 40, Lektion 13B
Würfelspiel: Präteritum – regelmäßige Verben

telefonieren	leiten	lernen	gründen	prüfen
machen	wollen	planen	arbeiten	reparieren
antworten	erweitern	ausbauen	eröffnen	entwickeln
kontrollieren	suchen	erledigen	steuern	lagern
vorbereiten	zeichnen	installieren	abrechnen	führen
verhandeln	leben	ausbilden	benutzen	liefern
besuchen	studieren	ausfüllen	organisieren	zeigen
wohnen	umräumen	warten	nachfragen	vermuten

Kopiervorlagen

Kopiervorlage 41, Lektion 13C
Memoryspiel: Präteritum – unregelmäßige und gemischte Verben

kommen	werden	denken	laufen
kam	wurde	dachte	lief
finden	rennen	wissen	bleiben
fand	rannte	wusste	blieb
sprechen	gehen	sein	kennen
sprach	ging	war	kannte
trinken	haben	wegfahren	beibringen
trank	hatte	fuhr … weg	brachte … bei
essen	sehen	stehen	abschließen
aß	sah	stand	schloss … ab
nennen	beginnen	abschreiben	wegrennen
nannte	begann	schrieb … ab	rannte … weg
beschreiben	verstehen	bekommen	beibringen
beschrieb	verstand	bekam	brachte … bei

Kopiervorlage 42, Lektion 13D
Textpuzzle: Firmenpräsentation

Guten Tag, mein Name ist Sandra Wöllner. Ich möchte Ihnen die Firma Maxran GmbH vorstellen, eine von den fünf Firmen in der Car Group und ein typisches Beispiel für den Türautomobilbau in Deutschland.

Zuerst möchte ich Ihnen – sehr kurz – etwas zur Firmengeschichte erzählen. Dann möchte ich die wirtschaftliche Entwicklung von „Maxran" zeigen und zum Schluss können Sie Fragen stellen.

Ich beginne also mit der Firmengeschichte: 1932 gründete Maximilian Ranke die Firma „Maxran" mit Sitz in Lennep bei Wuppertal. Sie produzierten zuerst Metalltüren und vertrieben sie in Deutschland. Die Firma hatte Erfolg und wurde schnell bekannt.

1947 baute Maximilian Ranke die erste Tür für die Autos – hier ein Foto. Ab 1950 entwickelte die Firma ihre Türen technisch immer weiter und wurde auch international erfolgreich. Die Firma hat ständig etwa 20 Türmodelle im Angebot.

Und seit den 60er-Jahren ist der Export ständig gestiegen! Dann kam etwas Neues: Seit 1990 gehört Maxran zur Car Group in Kanada. Wichtig auch: Die Firma baute den Standort aus: 1997 eröffnete sie ein neues Werk in Remscheid. Sehen Sie dieses Foto hier.

Einige Jahre später, im Jahr 2012, feierte die Firma ihr 80. Jubiläum mit vielen internationalen Gästen. Denn die Firma konnte die Absatzmärkte auf ca. 100 Länder weltweit erweitern. In den letzten 10 Jahren erhöhte sie auch den Umsatz ständig.

Der Umsatz ist von 2,8 Millionen Euro auf 20 Millionen Euro gestiegen. Die Mitarbeiterzahl wuchs von 900 auf heute ca. 2.000 Personen.

Die Firma bekam viele Preise, z. B. 1978 den ersten internationalen Preis für Industriedesign oder 2005 den „Mitarbeiter-Preis". Hier sehen Sie die Fotos. Bis heute waren es schon viele Preise. Hier auf dem Tisch liegen Werksbroschüren.

Da finden Sie viele Fotos und wichtige Informationen. Die können Sie mitnehmen. Die Broschüre können Sie aber auch von unserer Webseite herunterladen.

Ich komme nun zum Schluss von der Firmengeschichte. Haben Sie vielleicht noch Fragen? Dann stellen Sie sie bitte jetzt.

Kopiervorlagen

Kopiervorlage 43, Lektion 13 Aussprache
Wörterliste

Nomen	Abschiedsparty, Aktenschrank, Assistent, August, Ausstand, Automobilindustrie, Beispiel, Besprechung, Bestellliste, Besucherstuhl, Bleistift, Blumenstrauß, Bratwurst, Dienstag, Fenster, Fest, Frühstückspause, Gespräch, Geschenk, Geschwister, Hauptspeise, Kostüm, Obst, Spannung, Spaß, Spitzer, Spiegelei, Spiel, Spielzeug, Sport, Sportverein, Sprache, Strand, Spülmaschine, Tasche
Verb	abschicken, anschließen, anstoßen, aufstellen, beschreiben, buchstabieren, ist, passt, speichern, stören, studieren, testen, transportieren, verstehen, vorstellen
Adjektiv / Adverb	anstrengend, entspannt, günstig, hübsch, schick, schnell, schön, schwarz, spannend, spät, stolz, stürmisch, technisch, typisch, vegetarisch

Kopiervorlage 44, Lektion 14A
Textpuzzle: Hotline

Hotline:	Hier *Kabel Perfekt*. Mein Name ist Nicole Reimer, was kann ich für Sie tun?
Herr Sinn:	Ich habe bei Ihnen das Angebot „Kabel Perfekt 3", also Kabel-TV, Internet und Telefon gebucht. Und ich habe ein Problem.
Hotline:	Einen Moment bitte! Wie ist Ihre Kundennummer, bitte?
Herr Sinn:	Meine Kundennummer ist: 3000458.
Hotline:	O.k. Sie sind David Sinn, Grüner Weg 6, in 96465 Neustadt?
Herr Sinn:	Ja, ja, der bin ich. Also ich habe ein Problem. Die Sendung mit der Hardware ist gekommen, aber sie ist nicht komplett.
Hotline:	Das tut mir leid. Was fehlt denn?
Herr Sinn:	Es fehlt die CD-ROM mit der Software. Ähm. Der Router, das Netzteil und die Antenne sind da – ja, und das Ethernet-Kabel ist auch nicht im Paket.
Hotline:	Einen Moment bitte, ich verbinde Sie mit der Produkt- und Kaufberatung. Herr Sinn?
Herr Sinn:	Ja.
Hotline:	Es tut mir leid, ich kann leider nichts tun – dort sind alle Mitarbeiter im Gespräch und hier ist die Technikhotline. Bitte rufen Sie die Produkt- und Kaufberatung an, auch unter 0800 3356678 und wählen Sie dann die 3.
Herr Sinn:	Danke, ich versuche es.
Hotline:	Auf Wiederhören!
Herr Sinn:	Tschüss.

Kopiervorlagen

Kopiervorlage 45, Lektion 14A
Wechselspiel: Warum? – Gründe nennen

Firma Willes & Söhne – Partner A		
Vertrieb Martina Schader	**Personalabteilung** Frank Hansen	**Entwicklung** Ben Mitlowski
Warum – zur Abschiedsfeier einladen?	› auf der Dienstreise in Tschechien sein	Warum – eine duale Ausbildung machen?
Innendienst Frau Michi	**Außendienst** Gabika Kovacz	**Geschäftsführung** Alfred Meier
› eine Wohnung in zentraler Lage suchen	Warum – zu Kunden zu spät gekommen sein?	› mit Kunden im Restaurant essen
Marketingabteilung Corina Rade	**Einkauf** Siegfried Lehman	**Lager** Elmar Haddouti
Warum – oft am Montag frei haben?	› viele Bestellungen eingeben	Warum – oft am Telefon sein?

Firma Willes & Söhne – Partner B		
Vertrieb Martina Schader	**Personalabteilung** Frank Hansen	**Entwicklung** Ben Mitlowski
› am 30.10. die Firma verlassen	Warum – viele Mails haben?	› Berufspraxis haben wollen
Innendienst Frau Michi	**Außendienst** Gabika Kovacz	**Geschäftsführung** Alfred Meier
Warum – die Wohnungsanzeigen lesen?	› die Präsentation im Büro vergessen haben	› Warum – noch nicht zu Hause sein?
Marketingabteilung Corina Rade	**Einkauf** Siegfried Lehman	**Lager** Elmar Haddouti
› Messen am Wochenende organisieren	Warum – viel am Computer arbeiten?	› Aufträge erledigen

Kopiervorlagen

Kopiervorlage 46, Lektion 14B
Nomen-Verb-Puzzle: Immer wieder die Hotline

ein Angebot	buchen
mit dem Kundenberater	verbinden
einen Vertrag	abschließen
im Kundengespräch	sein
ein Problem	beschreiben
ein Kabel	anschließen
den Hörer	abnehmen
den Anrufbeantworter	abhören
im Telefonbuch	suchen
die Hotline	anrufen
den Hörer	auflegen
den Lautsprecher	auf laut schalten
die Lautstärke	laut / leise stellen
die Nummer	wählen
den Namen vom Anrufer auf dem Display	sehen
eine Nachricht	hinterlassen

Kopiervorlagen

Kopiervorlage 47, Lektion 14B
Würfelspiel: Telefongespräch

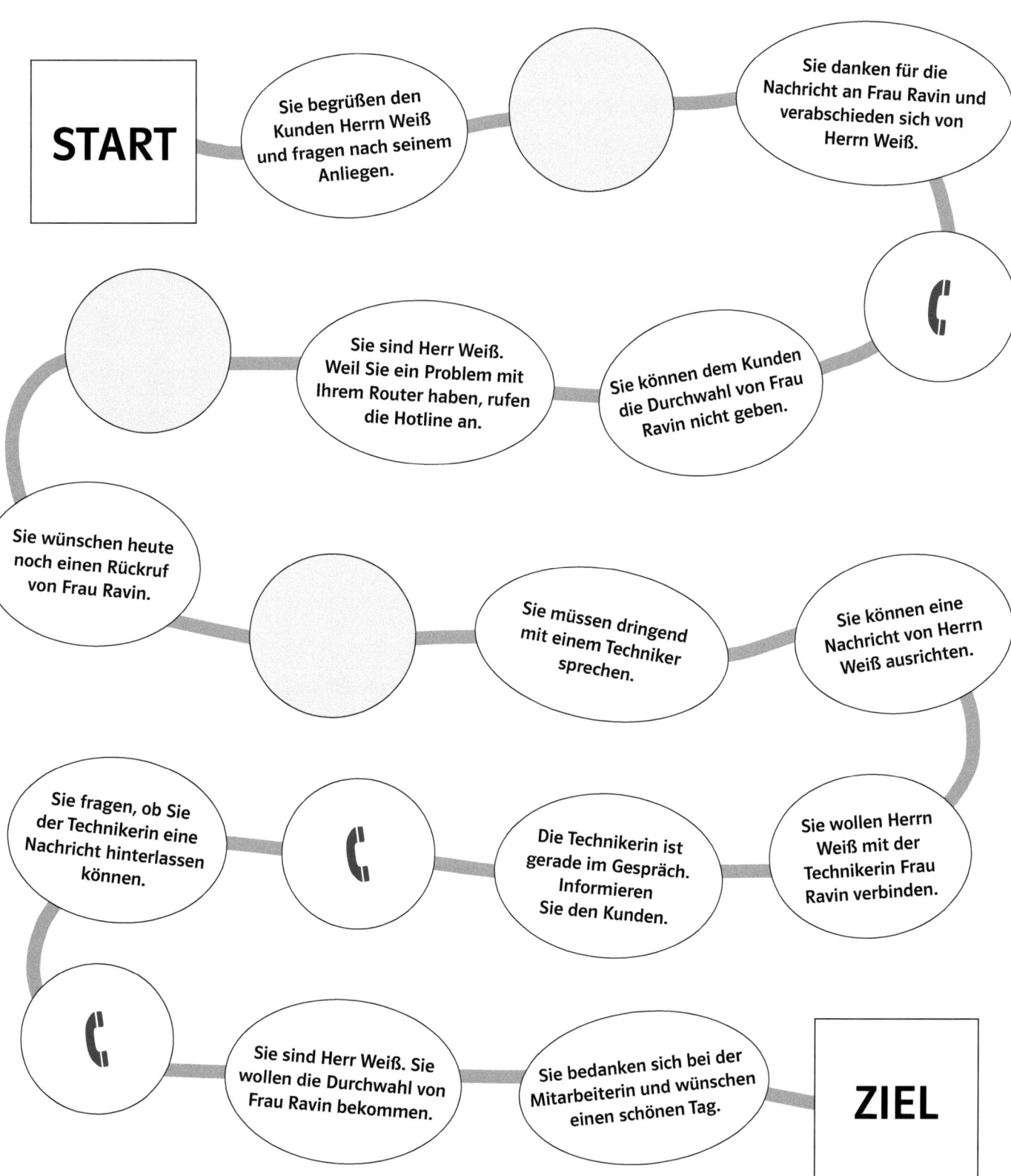

Kopiervorlagen

Kopiervorlage 48, Lektion 15A
Würfelspiel: Verben in reflexiver Form

START				ZIEL
sich ärgern über / Aufzug		⚀ ich		sich kümmern um / Grünflächen
sich wünschen / nette Kunden		⚁ du		sich notieren / Adresse
sich vorstellen bei / Firma Bauer		⚂ Sandra / Vitali		sich entschuldigen für / Verspätung
sich kümmern um / Kollegen		⚃ wir		sich ausdrucken / Hotelreservierung
sich interessieren für / Vertrieb		⚄ ihr		sich interessieren für / Technik
sich erinnern an / Dienstreise		⚅ Hans und Mehmet		sich notieren / Handynummer
sich freuen auf / Urlaub				sich entschuldigen bei / Chef
sich aufschreiben / Termine	sich fühlen / fit	sich nehmen / Urlaub	sich ärgern über / Heizkosten	

Kopiervorlagen

Kopiervorlage 49, Lektion 15D
Würfelspiel: Wer macht was – Haustechniker, Reinigungskraft oder Sicherheitskraft?

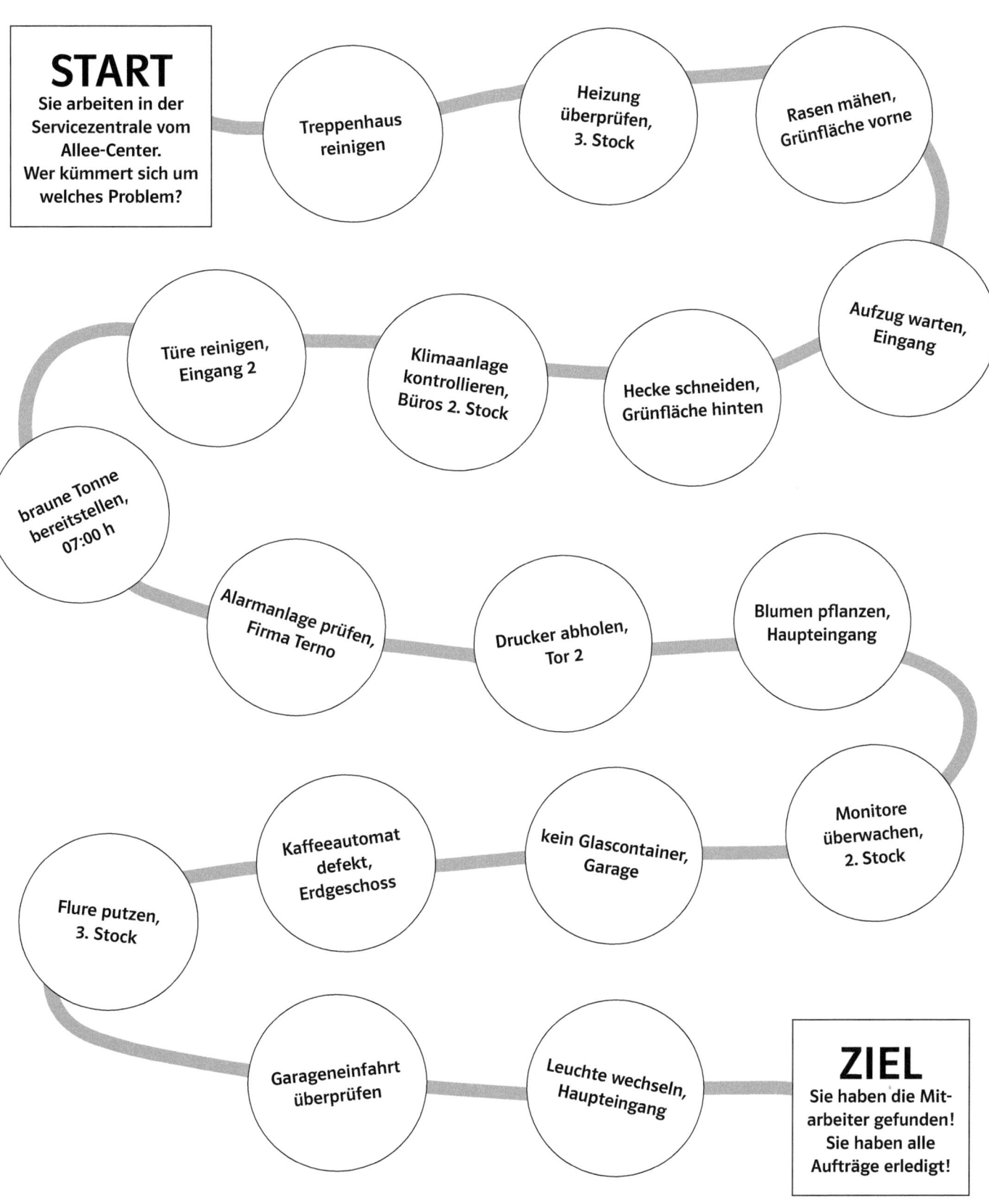

Kopiervorlagen

Kopiervorlage 50, Lektion 16B
Kartenspiel: Einchecken

Frühstück	Einzelzimmer	Stadtplan	Stadtzentrum
Sehenswürdigkeiten	Wäscherei	Schließkarte	Rezeption
?	?	?	?
Schwimmbad	Hotelrestaurant	Wetter	Internet

Kopiervorlage 51, Lektion 16D
Kartenspiel: Auschecken

Sie fahren nach Hause. Was sagen Sie an der Hotelrezeption?	Der Hotelgast möchte auschecken. Fragen Sie nach der Zimmernummer und nach dem Schlüssel / der Schließkarte.	Sie haben aus der Minibar etwas genommen. Was bezahlen Sie bar?	Der Gast hatte viele Sachen aus der Minibar. Wie fragen Sie ihn?
Der Gast muss für den WLAN-Anschluss im Zimmer bezahlen. Sagen Sie ihm, wie viel es kostet.	Den WLAN-Anschluss im Zimmer bezahlt Ihre Firma. Sie möchten, dass es auf der Rechnung steht.	Sie fragen den Gast, ob er im Hotel einen angenehmen Aufenthalt hatte.	Sie waren im Hotel zufrieden, aber es gab auch Probleme. Was sagen Sie?
Sie beschweren sich: Beim Frühstück war der Kaffee kalt.	Der Gast beschwert sich über den kalten Kaffee. Sie machen einen Vorschlag.	Das gefällt Ihnen nicht: Sie wollten eine Tageszeitung lesen. Im Frühstücksraum war keine.	Der Gast ist nicht zufrieden: Die Tageszeitung fehlt. Sie entschuldigen sich.
Der Gast wollte einen Fernseher. Erklären Sie das Problem.	Im Zimmer gibt es immer noch keinen Fernseher. Sie waren oft an der Rezeption. Sie möchten eine Erklärung.	Es gab Probleme mit dem Wäschereiservice. Sie entschuldigen sich und machen einen Vorschlag.	Der Wäschereiservice hat nicht funktioniert. Sie möchten nicht bezahlen.
Sie möchten nun die Rechnung für die Firma, aber Sie wollen die Getränke mit Karte bezahlen. Was sagen Sie?	Sie schreiben die Rechnung. Sie möchten wissen, wer zahlt. Was fragen Sie?	Das Hotel hat Ihnen gefallen und Sie möchten es weiterempfehlen. Was sagen Sie?	Sie bedanken sich bei dem Gast und wünschen ihm eine gute Reise.

Kopiervorlagen

Kopiervorlage 52, Lektion 17A
Memoryspiel: Kleine Werbegeschenke

Bildschirmreiniger		Schlüsselanhänger	
Haftnotizen		Kugelschreiber	
Schlüsselband		Bonbons	
Lineal		USB-Stick	
Kaffeebecher		Kalender	
Smartphonehülle		Firmen-Logo	Haffner Dentalmedizin GmbH — Technik für Zahngesundheit

Kopiervorlagen

Kopiervorlage 53, Lektion 17B
Würfelspiel: Vergleiche

Spielfeld:

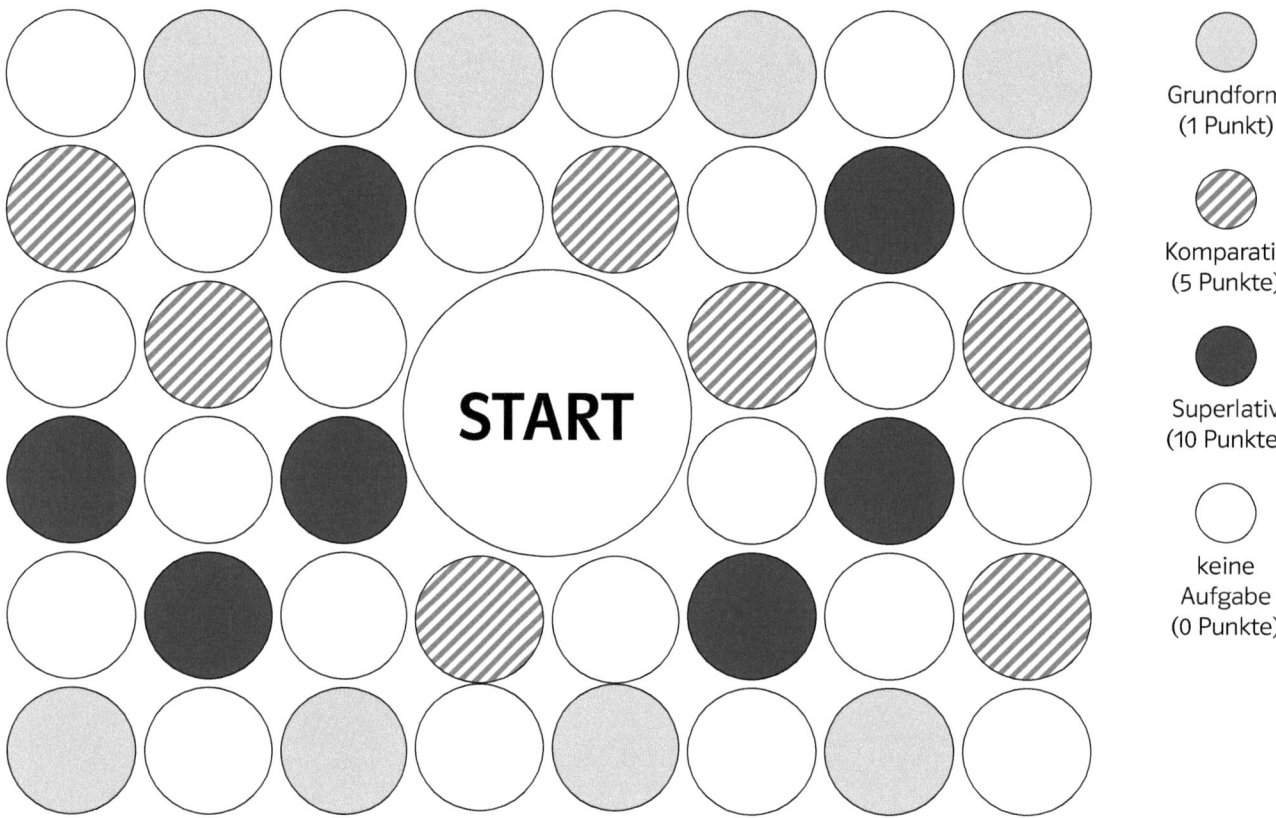

Grundform (1 Punkt)
Komparativ (5 Punkte)
Superlativ (10 Punkte)
keine Aufgabe (0 Punkte)

Spielkarten:

Firma bekannt	Schlüsselanhänger teuer	Produkte umweltfreundlich	Notebook schwer
Unternehmen groß	Kugelschreiber billig	Ideen schlecht	Internet langsam
Umsatz hoch	USB-Stick klein	Meinungen interessant	Chef spät
Mitarbeiter alt	Investitionen groß	Mitarbeiter motiviert	Maschine leise
Auszubildende jung	Maschinenpark modern	Marketing gut	Wohnung nah
Haftnotizen praktisch	Produktion flexibel	Tablet schnell	Angebot preiswert
Software neu	Werbeartikel witzig	Werbegeschenk praktisch	Bildschirmreiniger beliebt
Kalender hübsch	Mitarbeiterzahl hoch	Schlüsselband kurz	Bonbons süß

Kopiervorlagen

Kopiervorlage 54, Lektion 17C
Wimmelspiel: Konjunktiv II

Werbeartikel ansehen	Preisliste an die Mail anhängen	Bestellung schicken	Produktmuster bestellen
Stückzahl vorschlagen	Muster zeigen	Bescheid geben	Zeit für einen Termin haben
Angebot machen	Rabatt geben	Sonderform haben	Anfrage beantworten
Katalog schicken	Entscheidung für Werbeartikel treffen	Lösungsvorschlag haben	Bestellung schnell liefern
Preisliste ausdrucken	Rechnung schreiben	Frau Drexler anrufen	mich mit Frau Gruner verbinden

Kopiervorlage 55, Lektion 18B
Pyramidenpuzzle

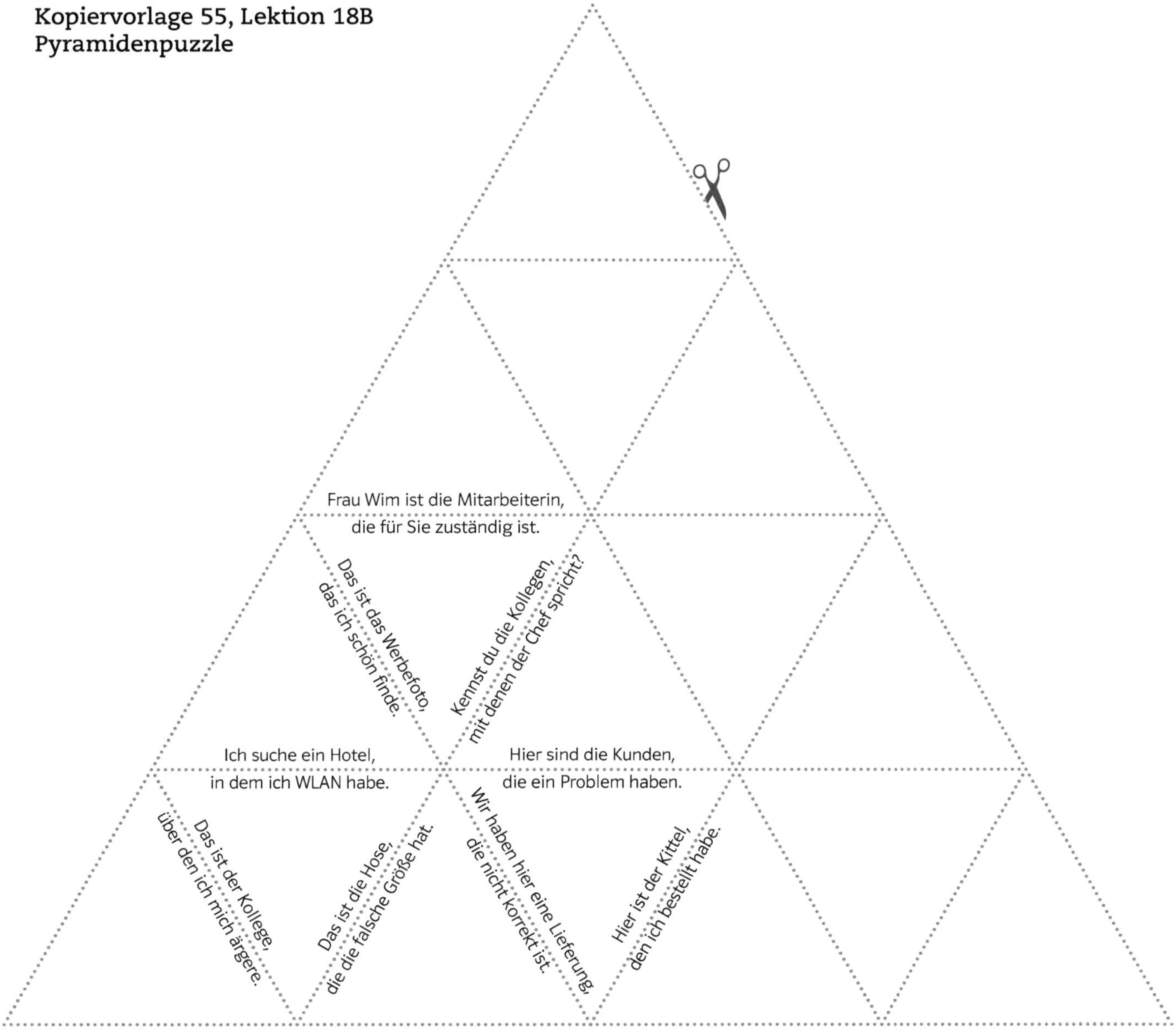

- Frau Wim ist die Mitarbeiterin, die für Sie zuständig ist.
- Das ist das Werbefoto, das ich schön finde.
- Kennst du die Kollegen, mit denen der Chef spricht?
- Ich suche ein Hotel, in dem ich WLAN habe.
- Hier sind die Kunden, die ein Problem haben.
- Das ist der Kollege, über den ich mich ärgere.
- Das ist die Hose, die die falsche Größe hat.
- Wir haben hier eine Lieferung, die nicht korrekt ist.
- Hier ist der Kittel, den ich bestellt habe.

DaF im Unternehmen A2
Lehrerhandbuch
ISBN 978-3-12-676446-9

Kopiervorlagen

Kopiervorlage 56, Lektion 18C
Würfelspiel: Empfehlungen mit „sollen"

Hose in Gr. L anprobieren	T-Shirt in Grün nehmen
Arztmantel anziehen	Paar Socken kaufen
Mietvertrag unterschreiben	Handyvertrag kündigen
sich für die Umstände entschuldigen	Anrufbeantworter abhören
Hauben anschauen	Produkte reklamieren
mit dem Chef sprechen	im Lager nachschauen
Update herunterladen	bar zahlen
Reklamation schreiben	Headset anschließen
Nachricht hinterlassen	kranken Kollegen vertreten
Berufsbekleidung suchen	Handschuhe anziehen

Kopiervorlage 57, Lektion 18D
Würfelspiel: Lösungsvorschläge

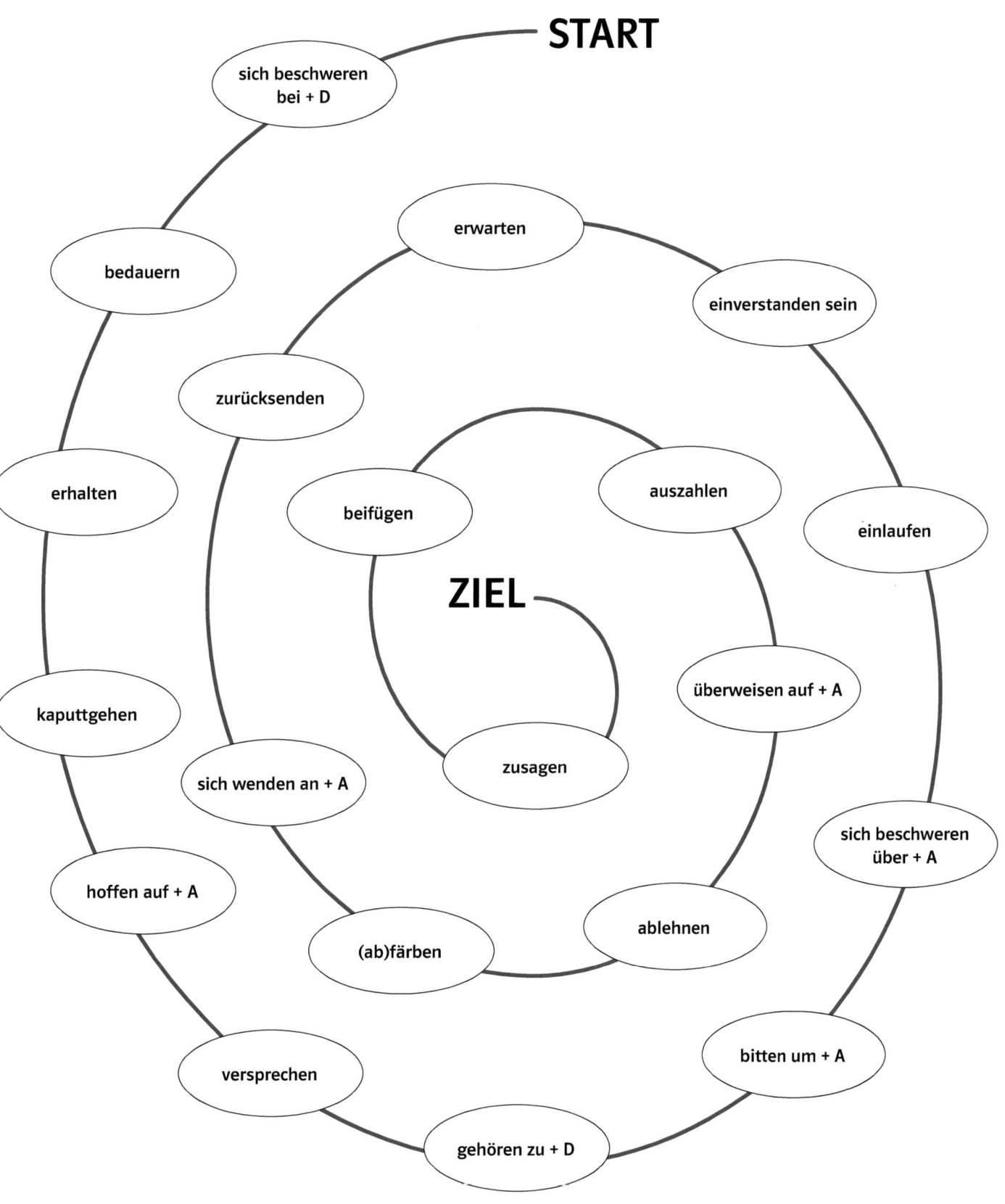

Kopiervorlagen

Kopiervorlage 58, Lektion 19C
Kartenspiel: Das Fragewort „welch-"

Reise	Dozent	Auftrag	Artikel
Versicherung	Schulung	Firma	Hose
Passwort	Angebot	Produkt	Werbegeschenk
Anbieter	Farbe	Termin	Abteilung
Computer	Firmen-Logo	Film	Tablet
Smartphone	Problem	Drucker	Buch

Kopiervorlage 59, Lektion 20A
Kartenspiel: Nebensätze mit „damit"

Deutsch lernen	Dienstreise planen	Servicezentrale anrufen	Firma präsentieren
EDV-Schulung machen	Abschiedsparty organisieren	gelbe Tonne benutzen	Ausbildung machen
zum Besprechungstermin einladen	Berufsbekleidung kaufen	an Kundenservice schreiben	Wohnungsanzeigen lesen
Tochterfirma besuchen	Werbeprodukte bestellen	Konzept vorstellen	Besprechung organisieren

Kopiervorlagen

Kopiervorlage 60, Lektion 20 Aussprache:
Der Schwa-Laut

= Verb + „be-"	kommen	suchen	schreiben	sprechen	stellen	tragen
= Partizip II	löschen	ziehen	schneiden	speichern	sichern	sparen
= 1. Pers. Pl.	genießen	gehen	führen	holen	erstellen	präsentieren
= 1. Pers. Sg.	empfehlen	bedauern	schaffen	bedienen	entscheiden	übernachten
= Nomen + „Ge-"	trinken	schenken	bauen	fühlen	sprechen	lernen
= Plural	Kollege	Frage	Plan	Tisch	Firma	Projekt
	⚀	⚁	⚂	⚃	⚄	⚅

© Ernst Klett Sprachen GmbH, Stuttgart 2016 | www.klett-sprachen.de
Alle Rechte vorbehalten. Von dieser Druckvorlage ist die Vervielfältigung für den
eigenen Unterrichtsgebrauch gestattet. Die Kopiergebühren sind abgegolten.

DaF im Unternehmen A2
Lehrerhandbuch
ISBN 978-3-12-676446-9

Lösungen

Lektion 11
11A Feier mit Kollegen

1a 1. in der Firma • 2. im Garten • 3. im Restaurant • 4. in einer Bar

1b Sie möchte privat im Garten feiern. • Foto 2

1c 2f • 3f (Sie feiert nur mit Teamkollegen.) • 4r • 5r

2a Markus • Tina

2b 2C • 3D • 4A

3a Tina

3b 2a • 3a • 4b

3c *Mögliche Lösung:* Liebe Manuela, danke für deine Einladung. Ich komme gern zu deinem Ausstand. Wie komme ich nach Hannover-Burgdorf? Welchen Bus muss ich nehmen? Was brauchst du zum Essen? Ich kann z. B. Kartoffelsalat und Saft mitbringen. An dem Wochenende habe ich eine Freundin zu Besuch. Kann ich sie mitbringen? Ich hoffe, das Wetter ist gut und wir können im Garten feiern.

Liebe Grüße, Eva

11B Was schenken wir?

1a **von links oben nach rechts unten:** das Geld • der Blumenstrauß • der Kochkurs • die Flasche Wein • die Massage • die Konzertkarten • das Fotobuch • der Gutschein

1c **Sie sprechen über:** Blumenstrauß • Kochkurs • Massage • Konzertkarten • Fotobuch • Gutschein • **Sie schenken Manuela:** Blumenstrauß • Gutschein für Kochkurs • Fotobuch

1d 4 • 6 • 9

2 **Markierungen:** 2. Ich schreibe euch eine E-Mail. • 4. Wir bringen ihr einen Blumenstrauß mit. • 5. Hat sie uns etwas gekocht? • 6. Ich habe ihnen letztes Jahr Karten für ein Jazzkonzert geschenkt. • 7. Freunde schenken mir eine Massage. • 8. Gefällt dir die Idee? • 9. Wir können ihr ein Fotobuch schenken.

Personalpronomen im Dativ: mir • dir • uns • euch • ihnen

3a 1. D • 2. A • 3. C • 4. E • 5. B

3b 2b • 3a

4 **Markierungen in 3a:** Na, dem Kind müssen wir doch auch etwas mitbringen. • In Russland schenkt man einem Kind oft Spielzeug. • Ich schenke meiner Frau auch oft Blumen. • Und was schenkt bei euch eine Frau dem Ehemann? • Und dann schenken wir ihr noch ein Fotobuch mit Fotos von den Teamkollegen. (hier Präposition + Dativ, keine Dativergänzung) •

Markierungen in 3b: 2. In Deutschland schenkt man seinen Freunden oft einen Gutschein. • 3. Man schenkt Kindern oft Süßigkeiten.

Tabelle: bestimmter Artikel: dem • dem • **unbestimmter Artikel / Possessivartikel:** einem • seiner

4b 1. Geld • 2. Geld • einen Gutschein • 3. Süßigkeiten • ein Bilderbuch •

Regel: Dativ • Akkusativ

11C Alles gut geplant?

1a 1b • 2b

1b **Bratwürste:** Frank • **Fisch:** Frank • **Gemüse:** Manuela • **Nudelsalat:** Marie • **Kartoffelsalat:** Alexej • **Kuchen:** Tina • **Obstsalat:** Antonia • **Käse:** Markus • **Brot:** Frank • **Getränke:** Manuela • **Bierbänke und -tische:** Manuela

2a *Mögliche Lösung:* **Wo:** im Garten, auf der Terrasse • **Wann:** am Samstag in zwei Wochen • **Gäste:** die Teamkollegen • **Essen und Getränke:** Jeder bringt etwas mit.

2b *Mögliche Lösung:* Die Rede vom Chef ist gut, denn sie ist interessant. Die Präsentation von der Firmengeschichte ist nicht gut, denn das langweilt alle. Der DJ mit Tanzmusik ist nicht gut, denn das mögen nicht alle. Spiele sind gut, denn das macht allen Spaß. Grillen ist gut, denn das mögen alle.

3a Partyverleih Lorenz

3b zwei Tische • vier Bänke • ein Partyzelt

3c **Manuela:** 4 • 8 • 9 • **Herr Lorenz:** 1 • 2 • 3 • 5 • 6 • 7 • 10

4 **Markierungen:** 5. Um wie viel Uhr sollen wir Ihnen die Biertische liefern? • 6. Dann können Sie ihm den Weg erklären. • 8. Bieten Sie Ihren Kunden einen Aufbauservice an? • 9. Schicken Sie sie mir oder bekomme ich die Rechnung vom Fahrer? • 10. Der Fahrer gibt sie Ihnen. •

Regeln: 2. Akkusativ • Dativ • 3. Personalpronomen • Nomen

11D Alles Gute für die Zukunft!

1a/b 2I • 3A • 4G • 5J • 6H • 7C • 8B • 9E • 10F

3 *Mögliche Lösung:* Hallo Manuela, vielen Dank für die Einladung. Die Feier war wunderbar. Endlich habe ich auch deinen Mann und deinen Sohn kennengelernt. Das war sehr schön. Und ich konnte auf der Feier mit allen Kollegen sprechen. Das hat Spaß gemacht. Das Buffet war sehr gut und das Grillen war lustig. Hoffentlich sehen wir uns bald wieder. Viel Glück und Erfolg bei der Sulkar GmbH wünscht Miranda.

Aussprache

1b „ch" wie in „ich": euch • Bücher • manchmal • wenig • „ch" wie in „acht": brauchen • Woche • nach • Buch

1c **Regeln:** 1. ich • 2. acht • 3. ich • 4. ich

1d [ç] wie in „ich": 2 • 4 • 6 • 7 • 8 • 10 • 11 • [x] wie in „acht": 3 • 5 • 9 • 12

Lektion 12
12A Die neue Wohnung

1a 1. Anzeigen 1, 3 • 2. Anzeige 2 • 3. Anzeige 3

1b 2. Baujahr • 3. Wohnfläche • 4. Quadratmeter • 5. Erdgeschoss • 6. Obergeschoss • 7. Zimmer • 8. renoviert 9. Einbauküche • 10. water closet = Toilette • 11. separat • 12. Kaltmiete • 13. Nebenkosten • 14. zuzüglich • 15. Zentralheizung • 16. Kilowattstunde pro Quadratmeter und Jahr

1c **Anzeige 2: Was?** 1– 4-Zimmer-Wohnungen • **Wo?** 1., 2., 4. Obergeschoss • **Größe:** 39 – 134 m² • **Miete:** - - **Ausstattung:** Balkon, offene Küche, Aufzug, Keller, Stellplatz • **Anzeige 3: Was?** 2-Zimmer-Wohnung • **Wo?** 2. Obergeschoss • **Größe:** 62 m² • **Miete:** 496 € + NK • **Ausstattung:** Gas-Zentralheizung, Fußböden neu, Einbauküche, Bad (renoviert), Gäste-WC (separat), Balkon, Garage

1d Anzeige: 2

1e 59 m² • 2. OG • KM: 539,- € + 180,- € NK • West-Balkon

2a/b **Markierungen:** in modernem Energieeffizienzhaus mit sehr gut gedämmten Türen • sehr ruhige Lage mit guter Verkehrsanbindung • offene Küche mit moderner Ausstattung • großes Wohn-/Esszimmer, kleines Bad mit Fenster • sonniger Süd-Balkon mit schönem Blick auf alte Bäume

Tabelle: Nominativ: Maskulinum: der Balkon › sonniger Balkon • **Neutrum:** das Zimmer › großes Zimmer • **Femininum:** die Küche › offene Küche • **Plural (M, N, F):** die Bäume › alte Bäume • **Akkusativ: Maskulinum:** den Balkon › sonnigen Balkon • **Neutrum:** das Zimmer › großes Zimmer • **Femininum:** die Wohnung › schicke Wohnung • **Plural (M, N, F):** die Bäume › alte Bäume • **Dativ: Maskulinum:** mit dem Blick › mit schönem Blick • **Neutrum:** in dem Haus › in modernem Haus • **Femininum:** mit der Ausstattung › mit moderner Ausstattung • **Plural (M, N, F):** mit den Türen › mit gedämmten Türen •

Regel: a. gleich

Lösungen

12B Wohin stellst du …?

1 **im Uhrzeigersinn – Beginn in der Küche:** der Kühlschrank • der Herd • der Geschirrspüler • die Spüle • der Küchenschrank • die Wand • das Bett • das Fenster • der Kleiderschrank • die Tür • der Boden • die Kommode • die Ecke • die Garderobe • die Couch / das Sofa • der Couchtisch • der Sessel • das Regal • der Teppich • der Esstisch • die Lampe • der Stuhl

2b 2. über • 3. auf • 4. zwischen • 5. an • neben • 6. vor • 7. in • 8. hinter / neben

3 **Markierungen:** 2. Er will die Lampe über den Esstisch hängen. • 3. Den Esstisch will er auf den Teppich stellen. • 4. Den Geschirrspüler will er zwischen den Herd und die Spüle stellen. • 5. Das Regal möchte er an die Wand neben das Sofa stellen. • 6. Den Couchtisch möchte er vor das Sofa stellen. • 7. Die Garderobe möchte er in die Ecke in den Flur stellen. • 8. Die Kommode will er neben die Tür im Schlafzimmer stellen. •

Regel: a. Akkusativ

4a 2b • 3b • 4a • 5a • 6b

4b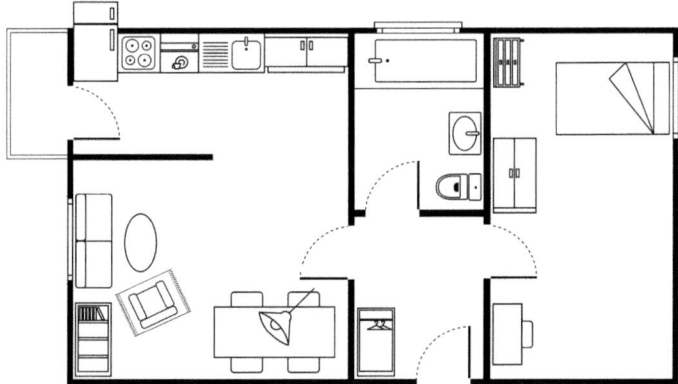

12C Wo steht …?

1a Bild 2

1b 2. an • neben • 3. auf • unter • 4. hinter • neben • 5. vor • vor • 6. in • über • an

2a **Markierungen:** 2. Das Regal steht nicht rechts an der Wand, es steht links neben dem Fenster. 3. Die Kartons stehen nicht auf dem Couchtisch, sie stehen unter dem Couchtisch. • 4. Die Grünpflanze steht nicht hinter dem Sessel, sondern rechts neben dem Fenster. • 5. Der Sessel steht nicht vor dem Couchtisch, sondern vor dem Regal. • 6. Seine Lampe steht nicht in der Ecke, sondern sie hängt über dem Couchtisch an der Decke.

Regel: b. Dativ

2b **Wohin?** Zuerst habe ich den Teppich unter den Esstisch gelegt. • Die Lampe habe ich über den Couchtisch gehängt. • **Wo?** Das Sofa steht unter dem Fenster. • Jetzt liegt der Teppich unter dem Couchtisch. • Die Bilder hängen an der Wand.

2c **Regeln:** 1a • 2b

12D So wohne ich

1a 2a • 3b • 4c

2a *Mögliche Lösung:* 70 % möchten den öffentlichen Nahverkehr in der Nähe. Das heißt, sie möchten die Haltestellen von Bus und Bahn in der Nähe. • 62 % sind gute Schulen wichtig. • 60 % wollen eine gute Anbindung an Autobahn und Bundesstraßen. Das heißt, sie wollen schnell mit dem Auto wegfahren können. • 57 % möchten viele Arbeitsplätze am Ort und in der Region. • 49 % ist ein gutes Kulturangebot wichtig. Das bedeutet, sie wollen in der Nähe Theater, Kinos und Museen. • 45 % sind gute Kinderbetreuungsmöglichkeiten wichtig. • 45 % ist es wichtig, dass es in der Nähe Bars, Cafés und Kneipen gibt. • 44 % wollen Restaurants in der Nähe. • 42 % ist es wichtig, dass es in der Nähe ein Freibad oder Hallenbad gibt.

2b Öffentlicher Nahverkehr in der Nähe: ja • Gute Schulen: ? • Gute Anbindung an Autobahn und Bundesstraßen: ja • Viele Arbeitsplätze am Ort, in der Region: ? • Gutes Kulturangebot: ja (Kino) • Gute Kinderbetreuungsmöglichkeiten: ? • Bars, Kneipen, Cafés: ja • Restaurants: ja • Sportangebot (Hallenbad, Freibad): nein

Aussprache

1a 2a • 3a • 4b • 5b • 6a

1c 2f • 3w • 4f • 5w • 6f • 7w • 8f • 9w

1d **Regeln:** 1. f • 2. w

Lektion 13

13A Eine Ausbildung zu …

1a 1. Weil sie an zwei Orten, im Ausbildungsbetrieb und in der Berufsschule, stattfindet. • 2. Man lernt die Berufspraxis im Betrieb. • 3. Die Theorie lernt man in der Berufsschule. • 4. Vor der Ausbildung bekommt man einen Ausbildungs- / Lehrvertrag mit einem Betrieb.

1b 1a • 2b

1c **Foto 1:** Elektroniker/in • **Foto 2:** Fachkraft für Lagerlogistik • **Foto 3:** Industriekaufmann/frau • Produktdesigner/in passt nicht

2a A: Industriekaufmann/frau • B: Elektroniker/in

2b 2A • 3B • 4A • 5B • 6B

3 **Markierungen: Text A:** Flexibilität, z. B. auf Wünsche von Kunden reagieren • **Text B:** die Anlagen dem Kunden zeigen und beschreiben

Tabelle: Dat.: dem / einen Kunden • mit / von / den / Ø Kunden

Regel: „-(e)n"

13B Eine Erfolgsgeschichte

1a 2A • 3C • 4H • 5E • 6F • 7B • 8G

1b 2. 1970–1979 • 3. 1980–1996 • 4. seit 1997 • 5. 1965 • 6. 1970 • 7. 1979 • 8. 2011–heute

2a **Markierungen:** 1. Er machte seine Arbeit mit nur einem LKW. • 2. 1965 baute er einen Betonzertrümmerer und arbeitete als Subunternehmer für Straßenbaufirmen. • 4. Sie erweiterte den Maschinenpark auf über 100 Maschinen und eröffnete auch Niederlassungen im Ausland. • 7. Sie bauten den Standort Windhagen aus.

Tabelle: er/sie/es: mach-t-e • arbeit-et-e • eröffn-et-e • **sie/Sie:** bau-t-en … aus

2b **Regeln:** 1. t • 2. et • 3. Satzende

13C Wie kam das?

1a a

1b **Markierungen:** Großvater • Großmutter • Vater • Mutter • Tante • Cousine

1c 2c • 3c • 4b • 5a

3a 2. Er kam aus einer Familie mit vielen Kindern. • 3. Er erledigte kleine Arbeiten für die Nachbarn. • 4. So wurde er bekannt und bekam immer mehr Aufträge. • 5. Ich rannte schon als kleines Kind immer im Laden herum und fand alles sehr spannend. • 6. Und dann dachte ich auch: Eine Ausbildung zum Elektroniker ist heute besser.

3b **ich:** fand • rann-t-e • dach-t-e • **er/sie/es:** kam • wurd-e

3c **Regeln:** 1a: a • 1b: b • 1c: a • 2a: a • 2b: a

Lösungen

13D Eine Firmenpräsentation

1a **Fehler 1:** Reihenfolge der Firmenpräsentationen ist falsch: 1. Hamm AG • 2. Joseph Vögele AG • 3. Kleemann GmbH •4. Benninghoven GmbH & Co KG • **Fehler 2:** Kaffeepause beginnt um 10:15

1b 1 • 4 • 5 • 6

1c 2f • 3r • 4r • 5r • 6r • 7f • 8r • 9r • 10f • 11f • 12r

2a *Mögliche Lösung:* Ich beginne also mit der Firmengeschichte: 1980 gründete Hans Wald die Firma Wald Baumaschinen GmbH mit Sitz in Neustadt. Die Mitarbeiterzahl wuchs von zwei Mitarbeitern im Jahr 1980 auf 15 Mitarbeiter heute. 2002 baute die Firma ihren Standort aus. Sie vertreibt gebrauchte Baumaschinen. Sie hat ständig ca. 60 Maschinen im Angebot. 2010 feierte sie ihr 30-jähriges Jubiläum. Sie erhöhte den Umsatz von 350.000 auf 1,8 Millionen €. Sie konnte den Absatzmarkt auf 20 Länder in Europa erweitern. Ich komme nun zum Schluss von der Firmengeschichte. Haben Sie noch Fragen?

Aussprache

1c **Regeln:** 2. [schp] • 3. [schp] • 4. [sp] • 5. [scht] • 6. [scht] • 7. [st] • 8. [st]

Firmenporträt 4: BEUMER Group

1a 1. G • 2. A • 3. D • 4. B • 5. F • 6. C • 7. E

1b 1E • 2A • 3F • 4B • 5D • 6C

1c 2. fördern • 3. verpacken • 4. verladen • 5. sortieren • 6. palettieren

2b 2. 4.000 • 3. 680 Mio. Euro • 4. 70 • 5. 1935 / Bernhard Beumer • 6. Bernhard Beumer / 1935 • 7. Beckum • 8. weltweit • 9. Dr. Christoph Beumer

Lektion 14

14A Home-Office, aber wie?

1a Kabel-TV • Internet • Telefon

1b Die Sendung mit der Hardware ist nicht komplett.

1c 1b • 2b • 3a

2

Hauptsatz	Nebensatz		
Die Mitarbeiterin kann Herrn Sinn nicht helfen,	weil	sie nicht in der Produkt- und Kaufberatung	arbeitet.
Die Mitarbeiterin kann Herrn Sinn nicht verbinden,	weil	alle Leitungen besetzt	sind.
Die Mitarbeiterin kann Herrn Sinn nicht verbinden,	weil	ihre Kunden das nicht	wollen.

Regeln: 1. Grund • 2. Satzende

3 1. Er schreibt, weil er die SmartCard für den Kabelreceiver nicht freischalten kann. Er möchte erreichen, dass er mit einem Techniker sprechen kann. • 2. Für die Installation braucht man circa 90 Minuten. • 3. Er hat fünf Versuche gemacht. (dreimal wie in der Anleitung, zweimal online) • 4. Er möchte mit einem Techniker sprechen, weil er den Fernseher beruflich braucht.

14B Wählen Sie bitte die …

1a 1. 3 • 2. 1 • 3. 2

1b 1b • 2a

2a **Hauptsatz 1:** dann wählen Sie die „Drei". • **Hauptsatz 2:** Wählen Sie die „Drei",

2b 1. Neben • Satzende • 2. Bedingung • 3. Hauptsatz

4a **Markierungen: A:** Hat es schon online versucht. • Kunde braucht den Service dringend (arbeitet im Home-Office, schreibt beruflich über Fernsehsendungen). • Habe mit Kundenberater verbunden, war im Gespräch. • **B:** Will es nicht online versuchen. • Habe mit Kundenberater Technik verbunden: nicht da. • Habe Kunden Durchwahl gegeben. • Das Gespräch mit dem Kunden war sehr kompliziert.

4b Zusammenfassung: A

4c 2f • 3f • 4f • 5r • 6r

5 **Anrufer/in:** Können Sie mir die Durchwahl geben? • Können Sie Frau / Herrn … eine Nachricht hinterlassen? • Richten Sie ihr / ihm bitte aus, … • Kann Frau / Herr mich zurückrufen? • Vielen Dank. • Auf Wiederhören. • **Assistent/in:** Einen Moment bitte, ich verbinde Sie. • Es ist besetzt. Frau / Herr … ist gerade im Gespräch. • Die Durchwahl ist … • Frau / Herr … ist leider nicht da. Kann ich etwas ausrichten? • Ja, natürlich, ich richte es aus. • Auf Wiederhören.

14C Installation leicht?

1 2C • 3A • 4E • 5D

2a Sie hat das Update von der Software nicht von der Webseite heruntergeladen.

3 1. Der Router funktioniert nicht mehr. • 2. „Kabel Perfekt" soll bis zum 30.05. einen Techniker mit einem neuen Router schicken. • 3. Der Techniker soll alles installieren und prüfen. • 4. Er kündigt seinen Vertrag mit Kabel-Perfekt.

4

Hauptsatz	Nebensatz		
Ich schlage vor,	dass	Sie bis zum 30.05. einen Techniker mit einem Router (neu!)	schicken.
Ich denke,	dass	es so am besten	ist.
Sie wissen,	dass	ich das Internet dringend	brauche.

Regeln: 1. Nebensätze • Satzende • 2. vorschlagen • wissen

5 *Mögliche Lösung:* Sehr geehrte Damen und Herren, Sie haben mir am 17.5. einen Router geliefert. Leider funktioniert er nicht. Ich habe die Installationsanleitung gelesen und den Router dreimal installiert. Es geht aber nicht. Ich denke, dass der Router kaputt ist. Ich verlange, dass ein Techniker kommt. Ich möchte, dass der Techniker den Router umtauscht und installiert. Wenn er nicht kommt, kündige ich meinen Vertrag bei Ihnen.
Mit freundlichen Grüßen …

14D Endlich arbeitsfähig

1a Auf dem Düsseldorfer Flughafen hat man den Parkroboter RAY präsentiert.

1b 2a • 3c • 4c • 5a • 6c

Aussprache

1b **Markierungen:** 1. Wenn Sie die Produkt- und Kaufberatung sprechen möchten, → / wählen Sie bitte die Drei. ↘ • 2. Ich habe gestern → / von Ihnen → / die Sendung mit der Hardware bekommen, → / aber sie ist nicht komplett. ↘ • 3. Ich kann Sie leider nicht verbinden, → / weil alle Mitarbeiter im Gespräch sind. ↘ • 4. Frau Maier, → / können Sie mir bitte jetzt gleich → / die Durchwahl von dem Kollegen geben? ↗ • 5. Ich habe dem Kollegen gesagt, → / dass es dringend ist → / und er noch heute zurückrufen soll. ↘

Lösungen

Lektion 15
15A Dienstleistungen
1a 2. Sicherheit • 3. Gebäudetechnik • 4. Gebäudereinigung
1b **Foto 2:** Monitore überwachen • **Foto 3:** Aufzug warten • **Foto 4:** Flure wischen
2a 2. Gärtner • 3. Haustechniker • 4. Fassadenreiniger
2b 2b • 3c • 4a
3a **Markierungen:** 2. b: Hans Richter kümmert sich um die Grünflächen. • 4. c: Vitali Kusmin wünscht sich eine andere Arbeit. • **Reflexivpronomen Akk.:** Sie / Sie ärgern sich • **Reflexivpronomen Dat.:** Er / Sie / Es wünscht sich
3b 1. Reflexivpronomen • 2. sich

15B Unser Auftrag für Sie!
1 2C • 3B • 4B • 5A
2a 4. Singular, Neutrum, Nominativ • 5. Plural, Maskulinum, Dativ • 6. Singular, Maskulinum, Nominativ • 7. Plural, Maskulinum, Akkusativ • 8. Singular, Femininum, Dativ • 9. Singular, Femininum, Akkusativ
2b **Markierungen:** 2. für ein gutes Arbeitsklima • 3. einen regelmäßigen Tagesdienst • 4. Unser freundliches Team • 5. mit dringenden Aufträgen • 6. ein zuverlässiger Partner • 7. neue Schlüssel • 8. Bei einer großen Reparatur • 9. eine kompetente Dienstleistung •
Tabelle: Nom.: zuverlässiger • freundliches • **Akk.:** regelmäßigen • gutes • kompetente • neue • **Dat.:** großen • dringenden
2c **Regeln:** 1. für ein gutes Arbeitsklima • saubere Büros • neue Schlüssel • mit dringenden Aufträgen • 2a. mit einem freundlichen Team • bei einer großen Reparatur • keine sauberen Büros • keine neuen Schlüssel • mit unseren dringenden Aufträgen • 2b. eine kompetente Dienstleistung
3 **Wohngebäude Waldstraße 92a:** Aufzug: ja • **Bürogebäude Kleistpark 56:** Empfang: täglich • Flure: 2x wöchentlich • WCs: 2x täglich • Abstellräume: 2x monatlich

15C Bitte trennen Sie …
1a c
1b 4 • 6 (Glascontainer neu in der Friedrich-Wolf-Straße)
2 Glas • Papier • Biomüll • Restmüll
3a **Markierungen:** Die Berliner Abfallbetriebe stellen ab Montag, dem 4.1., zusätzlich zu der gelben, blauen, und grauen Tonne noch eine braune Tonne für Bioabfälle bereit. • Den alten Glascontainer im Alkenweg gibt es nicht mehr. • Die Beispiele und das farbige Symbol helfen Ihnen weiter. •
Tabelle: Nom.: farbige • **Akk.:** alten
3b 1. „-e" • 2. „-en"

15D Ihr Gebäude – wir managen es!
1a 10: Haustechniker • 09: Reinigungskraft • 08: Haustechniker • 07: Haustechniker • 06: Sicherheitskraft • 05: Sicherheitskraft • 04: Reinigungskraft
1c *Mögliche Lösung:* 11:00: Europa-Center – Wartungstermin • 14:00: Reiss Pharma – Hausmeister Klimaanlage erklären • 16:30: Büro
2a **Markierungen: Zeitpunkt:** um 11:00 Uhr • morgen • nächste Woche • **Reihenfolge:** als Erstes • als Nächstes • zum Schluss • dann • danach

Aussprache
1c 1a • 2b • 3a • 4a • 5b • 6b • 7b • 8a • 9b • 10a

Lektion 16
16A Auf Geschäftsreise
1a 1b • 2a • 3b
2a Anreise: 16.11.2015 • Zimmer: 1 Einzelzimmer
2b 1. Es gab ein Server-Problem. • 2. Weil vom 16. bis 20.11. kein Einzelzimmer frei ist. • 3. Er zahlt den gleichen Preis wie für ein Einzelzimmer.
3a *Mögliche Lösung:* Sehr geehrte Damen und Herren, ich möchte vom 23.11. bis 27.11.2015 ein Doppelzimmer reservieren, wenn möglich ein Nichtraucherzimmer. Ich möchte das Zimmer mit Frühstück. Haben Sie Zimmer mit Balkon und WLAN? Noch eine Frage: Sind die Parkplätze in einer Tiefgarage? Bitte schicken Sie mir eine Bestätigung.
Mit freundlichen Grüßen …
3b *Mögliche Lösung:*
Sehr geehrter Herr … / Sehr geehrte Frau …,
vielen Dank für Ihre Reservierung. Hiermit bestätigen wir folgende Buchung:
Name: …
Anreise: 23.11.2015 – Abreise: 27.11.2015
Zimmer: 1 Doppelzimmer (Nichtraucher), inkl. Frühstück.
Alle Zimmer haben Balkon und WLAN. Alle hoteleigenen Parkplätze sind in einer Tiefgarage.
Mit freundlichen Grüßen, …

16B Auf dem Weg nach Hamburg
1a **Durchsage 1:** Foto B • **Durchsage 2:** Foto C • **Durchsage 3:** Foto A
1b 2r • 3f • 4f • 5f • 6r
2 Foto: 1
3 **Markierung:** 2. Genießen Sie diesen Service, wenn Sie in Hamburg am Flughafen ankommen. •
Regel: Gegenwart
4a 1 • 2 • 4 • 5
4b 2A • 3D • 4C
5a **Fragen:** 2. Welche Sehenswürdigkeiten kann ich in Hamburg besichtigen? • 3. Was soll ich auf jeden Fall anschauen? • 4. Wann gibt es bei Ihnen Frühstück? •
Regeln: 1. Satzende • 2. ob • 1 • 3. 2, 3, 4

16C Unterwegs in der Stadt
1a **Foto von oben nach unten:** Elbphilharmonie • St. Michaeliskirche • Speicherstadt
1b 2c • 3c • 4a
2a 1. Als ich endlich oben war (452 Stufen, uff!!!), war die Sicht total schlecht. • Als ich wieder unten war, bin ich zu Fuß zu den Landungsbrücken gegangen. • Als ich dann an den Landungsbrücken ankam, war ich nass und der Schirm kaputt. • Aber als ich dort war, fuhr kein Schiff und ich wollte nicht warten. • 2. Jedes Mal wenn ich den Schirm aufgemacht habe, hat er sich durch den Wind komplett umgedreht. • 3. Immer wenn ich in der Nähe vom Meer bin, muss ich Fisch essen.
2b 1a • 2b • 3b

16D An der Hotelrezeption
1a 2f • 3r • 4f • 5f • 6r • 7f • 8f • 9r
1b **Beschwerdebereich:** Zimmer • Küche • **Beschreibung von der Beschwerde:** Kaffee nicht heiß, Eier zu hart. • Wasser braucht sehr lange, bis es warm ist. • **Kurzfristige Lösung:** Stellen WLAN-Gebühren nicht in Rechnung. • **Weiteres Vorgehen:** Hotelmanager informieren.
2a 2. kalt / laut • 3. laut / kalt • 4. sauber • 5. teuer • 6. schmutzig • 7. warm • 8. hart / weich
2b 2A • 3B • 4E • 5C

53

Lösungen

Aussprache
1b 1. [z] • 2. [s] • 3. [z] • 4. [s] • 5. [s]

Firmenporträt 5: Louis Widmer SA
1a **von oben nach unten:** Gründer • Unternehmensgründung • Mitarbeiterzahl • Geschäftsführer • Branche • Tochtergesellschaften • Vertretungen in

1b 2A • 3D • 4E • 5B • 6F • 7C • 8H

2 2. Arbeitsschritt: F • 3. Arbeitsschritt: B • 4. Arbeitsschritt: D • 5. Arbeitsschritt: G • 6. Arbeitsschritt: C • 7. Arbeitsschritt: H • 8. Arbeitsschritt: A

3a *Mögliche Lösungen:* einziger Produktionsstandort ist Schlieren • langjährige engagierte Mitarbeiter • gesunde, sehr gut verträgliche Kosmetik • mussten noch nie ein Produkt vom Markt nehmen • testen Produkte nicht an Tieren • Philosophie ist: Tradition und Neues zusammenführen!

Lektion 17
17A Werbeartikel, aber welche?
1a 2. der Schlüsselanhänger • 3. die Haftnotizen • 4. der Kugelschreiber • 5. das Schlüsselband • 6. die Bonbons • 7. das Lineal • 8. der USB-Stick • 9. der Kaffeebecher • 10. der Kalender • 11. die Smartphonehülle • 12. das Firmen-Logo

1c 2f • 3r • 4r

2a 1. Weil sie einen Messestand haben und ihnen ihre Kunden wichtig sind. • 2. Promo-Effekt bietet Werbeartikel, auch in speziellen Sonderformen und vielen Farben. Bei hohen Stückzahlen bekommt man einen besonders günstigen Preis.

2b 2 • 3 • 4 • 5 • 7 • sie sprechen auch über das Logo (Bild 12)

2c 2. 1,10 Euro • 3. Logo • 4. Konferenzen • 5. 49 Cent • 6. allen Kunden

2d 4 • 5 • 6

17B Zusammen entscheiden
1a Anfang Februar ist eine Recruitingmesse an einer Hochschule. Für diese Messe braucht die Firma neue Werbeartikel. Die Mitarbeiter müssen schnell neue Werbeartikel aussuchen.

1b 1. D • 2. C • 3. G • 4. B • 5. E • 6. A • 7. F

1c *Mögliche Lösung:* Guten Morgen Frau Fuller, leider sind beide Termine bei mir nicht möglich, weil ich auf einer Dienstreise bin. Ich kann aber einen anderen Termin vorschlagen: Freitag, den 27.11. Da kann ich den ganzen Tag. Viele Grüße, A. Kühn

2a Kugelschreiber • Haftnotizen • Schlüsselanhänger in Zahnform

2b 2B • 3D • 4A • 5C • 6F

3a **Markierungen:** B. Aber der weiße ist nicht so teuer wie der blaue. • C. Aber den braucht man nicht so oft wie Haftnotizen. • D. Der ist genauso billig wie der weiße. • E. Ich finde den blauen genauso schön wie den weißen. • F. Der passt genauso gut zu unseren Kunden wie zu unserem Logo. •
Sätze: 1. so • wie • 2. genauso • wie

3b 1b • 2a

3c 2 • 3 • 5 • 7 • 8 • 9

3d **Markierungen:** 2. am teuersten • 3. billiger 4. genauso billig • 5. schöner als • 6. am schönsten • 7. am besten • 8. am beliebtesten • 9. am meisten •
Tabelle: am teuersten • billig • billiger • schöner • am schönsten • am beliebtesten
Regeln: 1. „-er" • teurer • 2. „-sten" • „-esten" • am besten • am meisten • 3. a

17C Wie ist Ihr Angebot?
1b 2f • 3r • 4r • 5f

2a Die Firma braucht Werbeartikel für junge Kunden. Frau Fuller soll Bildschirmreiniger in Zahnform bestellen.

2b **Fr. Fuller:** 3 • 5 • **Hr. Scholz:** 2 • 4

3a **Markierungen in 1a:** Wir hätten gern eine Zahnform wie in unserem Firmenlogo (Logo in der Anlage). • Könnten Sie bitte ein Produktmuster herstellen und uns mit der Preisangabe schicken? • Wäre es möglich, dass Sie 1.000 Stück bis zum 29.1. produzieren und liefern können? • **Markierungen in 2b:** Könntest du den zusätzlich für uns bestellen, wärest du so nett? • Welche Stückzahl würdest du denn vorschlagen?

3b **Tabelle: ich:** dürfte • **du:** könntest • würdest • **er/sie/es:** wäre • **wir:** hätten •
Regeln: 1b • 2. wäre • 3. (Voll-)Verb

3c *Mögliche Lösung:* Sehr geehrte Frau Drexler, nach unserer Anfrage vom 30.11. hat sich unser Bedarf geändert. Wir haben auch Interesse am Artikel „Bildschirmreiniger", Sonderform 0300-32 S in Zahnform, 500 Stück. Könnten wir davon ein Muster und die Preisinformation bekommen? Entschuldigen Sie bitte die Umstände.
Mit freundlichen Grüßen, Heike Fuller

17D Das Angebot kommt
1 *Mögliche Lösung:* **schon passiert:** Der Kunde (Haffner Dentalmedizin GmbH) hat eine Anfrage gesendet. • **muss noch passieren:** Der Anbieter (Promo-Effekt) muss jetzt ein Angebot schicken und die Muster herstellen. Danach gibt der Kunde den Auftrag (Bestellung von Werbeartikeln) und der Anbieter schickt eine Auftragsbestätigung an den Kunden. Wenn die Bestellung da ist, gibt der Anbieter sie ins Lager. Vom Lager geht die Lieferung an den Kunden. Der Anbieter schickt dem Kunden eine Rechnung.

2a a

2b 2C • 3A • 4B • 5E

2c 1b • 2b • 3a • 4a

3 *Mögliche Lösung:*
Sehr geehrte Frau Drexler,
wir danken Ihnen für Ihr Angebot vom 4.12. und die Muster. Wir bestellen entsprechend den Zahlungs- und Lieferungsbedingungen in Ihrem Angebot vom 4.12.: 5.000 Kugelschreiber 0013-22B, 2.000 Haftnotizen 0027-27B, 500 Schlüsselanhänger in Zahnform 0200-41S, 500 Bildschirmreiniger in Normalform. Bitte liefern Sie die Ware so bald wie möglich an unsere Firma. Und bitte bestätigen Sie diesen Auftrag schriftlich.
Wir danken Ihnen im Voraus.
Mit freundlichen Grüßen, Heike Fuller

Aussprache
1c 1b • 2a • 3b • 4c

1d 1. b. Füller • c. Fuller • 2. b. Grüner • c. Gruner • 3. a. Kiehn • b. Kühn • c. Kuhn • 4. a. Pilner • b. Pülner • c. Pulner

Lektion 18
18A Berufskleidung
1a b

1b A. Bundhose • B. Latzhose • C. Berufsjacke

2a Berufsjacke (01 in Größe 52, Farbkombination braun-beige) • Bundhose (01B in Größe 52, Farbkombination braun-beige)

2b 2b • 3a • 4b

3a 2. die Latzschürze • 3. der Overall • 4. die Kochjacke • 5. die Schutzschuhe • 6. die Bäckerhose • 7. die Kochmütze • 8. das T-Shirt

3b Die Kochhose ist nicht abgebildet.

3c **Korrektur Bestellschein:** 2. Kittel in Grau • 3. je 6 Overalls • 5. je 3 Paar Schutzschuhe

Lösungen

18B Eine Reklamation

1a 1. Firmenlogo auf dem rechten Ärmel • 2. Arbeitsjacke hat Stehkragen • 3. Bundhose hat Knietaschen • 4. Herrenkittel ist blau

1c 1. Weil sie Herrn Renz nicht telefonisch erreichen kann. • 2. Er soll einen Vorschlag machen, wie er das Problem lösen kann. • 3. Weil ihre Kunden schon warten. • 4. Sie möchte die Ware erst später bezahlen.

1d a

2a **Markierungen in 1b:** die wir telefonisch besprochen haben • das auf dem linken Ärmel sein soll • den ich in Grau bestellt habe • die ich ohne Knietaschen bestellt habe • die einen normalen Kragen hat • denen wir eine schnelle Lieferung zugesagt haben • **Markierungen in 1d:** die wir geliefert haben • mit dem wir leider im Moment viele Probleme haben • in der die Änderungen stehen •

Tabelle: Maskulinum (M): den • **Neutrum (N):** das • dem • **Femininum (F):** die • die • der • **Plural (M, N, F):** denen •

2b Artikel • denen

2c **Markierungen:** 2. Unsere Kunden, denen wir eine schnelle Lieferung zugesagt haben, warten schon. • 3. Wir haben ein neues Computersystem, mit dem wir leider gerade viele Probleme haben.

2d 2. Nomen • 3. Akkusativ • Dativ • 4. Haupt-

3 *Mögliche Lösung:*
Sehr geehrte Frau Mahler,
ich habe die Kleidungsstücke heute zurückgeschickt. Wie besprochen, habe ich eine Kopie von der Bestellung mit den Änderungen beigelegt. Ich erwarte eine schnelle Zusendung von den richtigen Waren.
Mit freundlichen Grüßen, Erika Noll

18C Richtig angezogen im Beruf

1a **linke Modepuppe im Uhrzeigersinn:** der Kopf • die Schulter • der Unterarm • der Fuß • der Zeh • das Bein / der Oberschenkel • der Finger • die Hand • **rechte Modepuppe im Uhrzeigersinn:** der Hals • die Brust • der Bauch • das Knie • der Unterschenkel • der Oberschenkel / das Bein • der Rücken • der Oberarm

1b Weil sie in einer neuen Praxis arbeitet, in der alle Kleidung von „Krüger-Berufsbekleidung" tragen.

1c 2b • 3a • 4b • 5a

2 **Markierungen:** 4. Verkäuferin: „Sie sollten nicht sagen, dass …" • 5. Die Kundin: „Ich sollte die Haube …" • **Tabelle:** ich: sollte • Sie (Sg.+Pl.): sollten • **Regel:** a. gleich

3 2f • 3f • 4r • 5r • 6r

4 **Markierungen:** 5. Die Verkäuferin braucht nicht im Lager nachzuschauen. • 6. Die Verkäuferin braucht keine Clogs zu bestellen, weil es Clogs in Weiß gibt. •

	Pos. 2		Satzende
2. Die Verkäuferin	braucht	nicht im Lager	nachzuschauen.
3. Die Verkäuferin	braucht	keine Clogs	zu bestellen.

Regeln: 1. Position 2 • Satzende • 2. Infinitiv • 3. keine

5a Die Firma bezahlt die Ware.

5b **Lieferschein: Clogs:** € 39,85 • € 39,– • **Hosen:** 3 • € 209,40 • **T-Shirts:** Gr. 42 • € 59,90

18D Die Ware ist mangelhaft!

1b Frau Raue hat eine Beschwerde geschrieben, weil die T-Shirts eingelaufen sind und zwei Hosen verfärbt sind. Sie will erreichen, dass „Krüger-Berufsbekleidung" das Geld für die mangelhafte Ware auf das Konto der Praxis überweist.

1c 2b • 3b • 4b • 5a

2a Hauptpunkte: Sie bringen die mangelhafte Ware ins Geschäft zurück und suchen sich etwas anderes aus. • Wenn die neue Ware billiger ist als die alte, zahlen wir Ihnen den Restbetrag aus. • Außerdem erhalten Sie einen Rabatt von 5 %.

2b *Mögliche Lösung:*
Sehr geehrter Herr Schulz,
vielen Dank für Ihren Vorschlag. Leider bin ich mit dem Vorschlag nicht ganz einverstanden, denn die Praxis hat die Kleidung bezahlt. Ich schlage vor, dass ich die mangelhafte Ware zurückbringe und neue auf Lieferschein kaufe, denn die Praxis zahlt die Rechnung. Bitte lösen Sie das Problem mit dem Geld direkt mit der Praxis. Ich freue mich über eine kurze und schnelle Antwort auf meinen Vorschlag.
Mit freundlichen Grüßen, Christine Raue

Aussprache

1c 1. b. Göller • c. Goller • 2. a. Ehler • b. Öhler • c. Ohler • 3. a. Kehlmann • b. Köhlmann • c. Kohlmann • 4. a. Becker • b. Böcker • c. Bocker

1d **Frau Öhler:** Größe 38 • Zubehör • Möbel • ein Hörbuch • einen Föhn • **Herr Göller:** Druckknöpfe • Zollstöcke • Söckchen • ein Wörterbuch • Röcke • Notizblöcke

Lektion 19
19A Interne Fortbildung EDV

1a **Schulung 1:** Datensicherheit und Datensicherung im Unternehmen • **Schulung 2:** Ordnung auf dem Desktop ist Ordnung in der Firma

1b A. Schulung 1 • B. Schulung 2 • B. Schulung 2 • D. Schulung 1

2a 2. Lager(-Logistik) • Schulung 2 • 3. Außendienst • Schulung 1 • 4. Vertrieb • Schulung 1 und 2

2b 1a • 2a • 3b • 4b

3a **Markierungen in Schulung 1:** Automatische Sperrung des Arbeitsplatzes bei Inaktivität • Sicherung der Firmendaten: Durchführen eines Backups auf dem Laptop • **Markierungen in Schulung 2:** Logische Anordnung der Fenster • Einrichten der Benutzeroberfläche des Desktops • Grundlagen der Dateiverwaltung • Anlegen einer Ordnerstruktur • Wiederfinden eines Ordners oder einer Datei (Suchfunktionen)

3b **Tabelle: Maskulinum (M):** des Platzes • eines Ordners • **Neutrum (N):** eines Backups • **Femininum (F):** der Oberfläche • einer Datei • **Plural (M, N, F):** der Ordner / Fenster / Dateien •
Regeln: 1. eines • der / einer • der • 2. „-s" • „-es"

19B Die EDV-Schulung

1 2. die Datei • 3. der (Datei-)Anhang • 4. die Datensicherung • 5. der Ordner • 6. die Sperrung des Computers • 7. die Verknüpfung

2a Schulung 2

2b 2 • 4

3a 2B • 3E • 4D • 5G • 6F • 7C • 8A

4a **Markierungen:** 2. Mit diesen Tastenkombinationen kann man viel Zeit sparen. • 3. Zu diesem Problem kann man viel sagen. • 4. Die Lösung dieses Problems: Sie aktivieren die Suchfunktion. • 5. Mit diesem Befehl öffnet sich das Suchfeld. •
Tabelle: Maskulinum (M): diesem • **Neutrum (N):** diesem • dieses Problems • **Plural (M, N, F):** diesen

4b bestimmte

19C Die Evaluierung

1a Ja, sie sind mit der Schulung zufrieden.

1b 2b. ja • 2c. besonders zufrieden: mit Computerbefehlen • nicht zufrieden: – • 3a. trifft voll zu • 3b. trifft voll zu • 3c. konnten viel üben • 3d. – • 4. Produktion • 5. ja • 6. Programm zur Lagerverwaltung • 7. vormittags

55

Lösungen

2 **Markierungen:** 1c. Mit welchem Inhalt waren Sie besonders zufrieden? • Mit welchem waren Sie nicht zufrieden? • 4. In welcher Abteilung sind Sie beschäftigt? • 6. Zu welchem Thema möchten Sie in Zukunft gerne eine Schulung machen? •
Tabelle: Dativ: welchem • welchem • welcher •
Regeln: 1. bestimmte

4a 1b • 2a

4b 1. Person 1 führt große Teams. • 2. Wie kann man Teamarbeit optimieren, Teamgeist fördern, Arbeitsergebnisse verbessern, im Team Rollen und Ziele klären und als Frau ein Team führen? • 3. Person 2 hat mit einem unvernetzten Computer keine Probleme. • 4. Wie baut man ein lokales Computernetzwerk auf, wie konfiguriert und pflegt man es, welche Sicherheitsaspekte gibt es?

5a **Markierungen:** 1. Was für Teams führt Person 1? • 3. Mit was für einem Computer hat Person 2 keine Probleme? •
Tabelle: Maskulinum: einem • **Plural:** Ø

5b **Regel:** 1b • 2a

19D Mobile Arbeit

1b 2H • 3D • 4E • 5B

1c 2. nein • 3. ja, Zeile 27–28 • 4. ja, Zeile 40–42 • 5. nein

Aussprache

1c 1c • 2b • 3a • 4a

1d 3. Name • 4. Taste • 5. Gerät • 6. Anhang • 7. Qualität • 8. Daten • 9. Fläche • 10. Passwort • 11. Gespräch • 12. Arbeit

Firmenporträt 6: K+S Gruppe

1a 1D • 2A • 3C • 4B

1b 1. 165 • 2. 800 • 3. 198

1c 1 • 5 • 6 • 8 • 9

1d 1. Meersalzgewinnung • 2. Tagebau • 3. Saline • 4. Bergwerk

2a Salzproduktion • Kaliproduktion • Entsorgung und Recycling • Logistikunternehmen

2b 1r • 2r • 3f • 4f • 5r • 6r • 7r • 8r • 9f

Lektion 20
20A Zeit für ein Meeting?

1a 2f • 3r • 4f • 5f

1b Dienstag, 14:00 – 17:00: Besprechung mit Geschäftsleitung

2 1b • 2c

3 **Markierungen:** In einigen Unternehmen gibt es z.B. Fitnessräume, damit die Mitarbeiter auch in der Pause sportlich aktiv sein können. • Wir könnten ein individuelles Kursprogramm anbieten, damit die Mitarbeiter es besser in ihren Arbeitstag integrieren können. •
Fragen: 2. …, damit die Mitarbeiter auch in der Pause sportlich aktiv sein können. • 3. …, damit die Mitarbeiter es besser in ihren Arbeitstag integrieren können. •
Regel: Zweck

20B Organisation ist alles

1 1. C • 2. E • 3. B • 4. A • 5. H • 6. G • 7. F • 8. D

2a **von / bis:** 10.00 – 15:00 Uhr • **Hilfsmittel / Unterlagen – Vorhanden?:** Beamer: ja • Notebook: ja • Flipchart: ja • Flipchartpapier: nein • Pinnwand: nein • Koffer mit Material: nein • Notizblöcke: nein • Stifte: nein • Unterlagen: nein • **Hilfsmittel / Unterlagen – Wie viel besorgen?:** Flipchartpapier: 2 Rollen • Pinnwand: 1 • Koffer mit Material: 1 • Notizblöcke: 15 • Stifte: 15 • Unterlagen: 12 x Tagesordnung • **Bewirtung:** Bewirtung für 12 Personen • Imbiss: Kuchen • warme Speisen: -- • Getränke: Kaffee • Mineralwasser

3a 1. der Beamer, - • 2. das Notebook, -s • 3. das Namensschild, -er

3b **Marie:** Beamer • Namensschilder • **Max:** Notebook

4a **Markierungen:** OK. Bringe meins mit. • Kannst du einen besorgen? • Ja, der Vertrieb hat einen – kümmere mich! • Hast du welche gemacht? • Ich drucke welche aus.
Tabelle unbestimmtes und Negativ-Pronomen: Akkusativ: (k)einen • **Plural (Nom. + Akk.):** welche • **Tabelle Possessivpronomen: Akkusativ:** meins

4b 1. bestimmte • 2. Plural

5a *Mögliche Lösungen:* Hallo …, wir haben zu wenig Gläser. – Hol welche aus der Küche. • Im Besprechungsraum steht nur ein Flipchart. – Such noch eins im Nachbarraum. • Die Pinnwand ist kaputt. – Leih dir eine von der Marketingabteilung. • Ein Namensschild fehlt. – Ich druck noch schnell eins aus. • Wir haben einen Besprechungstisch zu wenig. – Hol noch einen aus dem Besprechungsraum 2. • Ich habe meinen USB-Stick verloren. – Ich habe meinen leider zu Hause vergessen, leih dir einen bei der Assistenz.

20C Die Besprechung

1a B. 1 • C. 6 • D. 2 • E. 5 • F. 4

1b *Mögliche Lösung:* TOP 2: Präsentation und Diskussion der Projektidee „Mittagspause – aktiv" → 100 Min. • TOP 3: Beschluss zur Durchführung → 10 Min. • Mittagspause → 30 Min. • TOP 4: Besprechung (I. Sportangebot, II. Organisation von Fitnesspausen, III. Personal- und Raumbedarf) → 120 Min. • TOP 5: Bildung von Projektteams → 20 Min. • TOP 6: Zeitplan und Termin neues Treffen → 10 Min.

2 *Mögliche Lösung:* TOP 2: Information über Projektstand • TOP 3: Berichte der Projektteams • TOP 4: Erstellung einer „To-Do"-Liste • TOP 5: Verschiedenes

3a TOP 4: Bildung von Projektteams • TOP 5: Besprechung (I. Sportangebot, II. Organisation von Fitnesspausen, III. Personal- und Raumbedarf) • TOP 6: Sammlung der Ergebnisse • TOP 7: Zeitplan und Termin neues Treffen

3b 1 • 3 • 4

3c 3 • 4 • 5 • 9 • 10 • 11 • 12 • 13

4a 2. Fitnesstraining anbieten • 3. Rückentraining unterrichten • 4. Tischtennis anbieten • 5. Laufprogramm organisieren • 6. Aerobic-Kurse durchführen

20D Das halten wir fest

1 in Verbindung • Angebote • Ergebnis • Kostenplan

2 *Mögliche Lösung:* TOP 5: II. Organisation von Fitnesspausen: „Mittagspause – aktiv" soll 45 Minuten dauern. • Zweimal pro Woche Fitnesstraining. • Kurs „Rückentraining" und „Yoga" im Wechsel. • III. Personal- und Raumbedarf: Haben Vertrag mit Fitnessstudio: schickt nach Bedarf Trainer. • Fitnessbereich ist ca. 50 m² groß. • Bereich für Kurse ist ca. 100 m² groß. • Brauchen Umkleideräume für Männer und Frauen.

3a 2E • 3G • 4B • 5H

Aussprache

1b 1. der nette Kollege • 2. die zentrale Frage • 3. die hohen Kosten • 4. das nächste Treffen

2a **Stamm endet auf Plosive bzw. auf Frikative:** finden • fragen • geben • kosten • lesen • sprechen • treffen **Stamm endet auf „l" und „r":** hören • wählen

2b 1a • 2b

Transkriptionen zum Kursbuch

Im Folgenden finden Sie die Transkriptionen der Hörtexte im Kursbuch, die weder dort noch in den Lösungen abgedruckt sind.

Lektion 11

3 | 1 *Inka:* Herein.
Tina: Hallo Inka, hallo Markus!
Inka: Oh, hallo Tina!
Markus: Hallo Tina.
Tina: Sagt mal, habt ihr Manuelas Mail gelesen?
Inka: Ja klar.
Markus: Nein, ich noch nicht. Was schreibt sie denn?
Tina: Sie feiert ihren Ausstand.
Markus: Warte mal. Ah ja. Da ist die Mail. „Liebe Teamkolleginnen und Teamkollegen, ihr habt es ja sicher schon gehört: Ich verlasse am 31. Juli Zens & Co. und gehe zur Sulkar GmbH. Ich möchte meinen Ausstand gern privat mit euch feiern."
Tina: Genau. Kommt ihr?
Markus: Hmm, ich weiß nicht. Ende Juli ist doch der Projektabschluss. Da muss ich bestimmt an dem Samstag arbeiten.
Tina: Ach komm Markus, die Party beginnt doch erst um 17:00 Uhr. Da hast du genug Zeit.
Markus: Stimmt. Ähm, also ich komme. Was denkt ihr, kann meine Freundin mitkommen?
Tina: Ich denke ja, aber frag besser Manuela.
Markus: Ja, mach' ich.
Tina: Und du Inka, kommst du?
Inka: Ach, ich kann leider nicht.
Tina: Warum denn nicht?
Inka: Wir sind an dem Wochenende im Urlaub.
Tina: Schade! Tobias ist auch nicht da. Er hat ja eine Fortbildung, diesen Managementkurs in London.
Markus: Äh, stimmt ja, und du Tina?
Tina: Ich komme natürlich. Ich habe Manuela sogar schon eine Mail geschrieben und zugesagt.

3 | 2 *Markus:* Tschüss Tina. Ich gehe dann mal.
Tina: Ach Markus, warte mal kurz.
Markus: Ja, was gibt's?
Tina: Manuela feiert ja in zwei Wochen ihren Ausstand. Wollen wir ihr etwas zusammen schenken?
Markus: Hmm, die Idee ist gut.
Tina: Vielleicht möchte Alexej auch etwas schenken. Soll ich ihm eine Mail schreiben?
Markus: Nein, das brauchst du nicht. Ich chatte nachher mit ihm und frage ihn.
Tina: Ah, gut. Und was schenken wir Manuela? Hast du schon eine Idee?
Markus: Hmm, wir bringen ihr einen Blumenstrauß mit.
Tina: Ja, ein Blumenstrauß ist gut. Aber wir brauchen noch ein Geschenk. Was mag sie denn?
Markus: Hm, sie kocht gern und geht gern zur Massage.
Tina: Stimmt. Und sie hört gern Jazz.
Markus: Richtig.
Tina: Meine Schwestern sind auch Jazzfans. Ich habe ihnen letztes Jahr Karten für ein Jazzkonzert geschenkt. Sie haben das toll gefunden.
Markus: Also ich glaube, Manuela geht schon regelmäßig in den Jazzclub. Schenken wir ihr lieber etwas anderes.
Tina: Hm, Freunde haben mir vor zwei Jahren einen Gutschein für eine Massage geschenkt. Das war sehr schön.
Markus: Massage? Nein, das finde ich nicht gut.
Tina: O. k., und wie findest du einen Kochkurs?
Markus: Ja, ein Kochkurs, das ist gut. Nur welche Küche? Was mag sie besonders?
Tina: Puh, italienisch? Sie fährt gern nach Italien. Oder französisch oder …?
Markus: Ich hab`s: Wir schenken ihr einen Gutschein für einen Kochkurs. Dann kann sie machen, was sie möchte.
Tina: Ein Gutschein ist gut, die Idee gefällt mir. Wollen wir Manuela dann noch etwas Persönliches schenken?
Markus: Hm, was Persönliches? Und was kann das sein?
Tina: Na ja, wir können ihr ein Fotobuch schenken – mit Fotos von uns allen, von Meetings und so. Dann kann sie an uns denken.
Markus: Das ist gut. Das kann ich machen. Ich habe in den Jahren viele Fotos gemacht.
Tina: Prima, sehr gut. Dann schenken wir ihr also einen Blumenstrauß, einen Gutschein für einen Kochkurs und ein Fotobuch.
Markus: Ja, das machen wir.

3 | 3 *Sprecherin:* Gespräch – Teil 1
Manuela: Steaks, Bratwürste. Hmmm – Nudelsalat, Kuchen. Ja, das wird gut.
Frank: Hallo Manuela.
Manuela: Oh, hallo.
Frank: Was machst du denn da?
Manuela: Ich schreib' die Liste für meine Abschiedsparty mit meinen Teamkollegen.
Frank: Was, jetzt schon?! Wir haben doch noch so viel Zeit.
Manuela: Nee, Frank, wir haben nicht mehr viel Zeit. Das ist schon in zwei Wochen und ich möchte mit der Planung beginnen.
Frank: Ach so, na gut. Zeig mal die Liste. Was hast du denn schon alles?

3 | 4 *Sprecherin:* Gespräch – Teil 2
Manuela: Hier, schau mal!
Frank: Aha. Mhm. Was müssen wir denn besorgen?
Manuela: Na ja, wir brauchen Fleisch, also Steaks und so, und natürlich Bratwürste. Kannst du das in der Metzgerei kaufen?
Frank: Ja, das kann ich machen. Willst du auch Gemüse grillen?
Manuela: Oh ja, das ist eine gute Idee. Dann kaufe ich Gemüse, Tomaten und Paprika im Supermarkt. Da kann ich dann auch gleich die Getränke mitnehmen.
Frank: Genau. Bier, Mineralwasser, …
Manuela: Warte, nicht so schnell. Bier, Mineralwasser, ähm?
Frank: Und Saft.
Manuela: Stimmt, und Saft.
Frank: Gut. Gibt es auch Salate?
Manuela: Ja klar`. Marie macht einen Nudelsalat.
Frank: Ein Nudelsalat, sehr schön.
Manuela: Ja, und Alexej bringt einen Kartoffelsalat mit.
Frank: Hm, Kartoffelsalat. Prima.
Manuela: Und es gibt Kuchen.
Frank: Oh, macht Antonia wieder einen Schokoladenkuchen?
Manuela: Nein, Tina will einen Apfelkuchen backen. Der ist bestimmt auch gut.
Frank: Ja, Apfelkuchen ist immer gut. Gibt es noch einen Nachtisch?
Manuela: Hmhm, ja, Antonia möchte einen Obstsalat mitbringen.
Frank: Aah, sehr gut! Ist das dann alles?
Manuela: Nein, Markus möchte noch Käse mitbringen.
Frank: Käse ist immer gut, prima.
Manuela: Das ist dann alles.
Frank: Sollen wir nicht noch Fisch zum Grillen besorgen? Antonia zum Beispiel mag Fleisch nicht so gerne.
Manuela: Das ist eine gute Idee. Kaufst du den Fisch?

Transkriptionen zum Kursbuch

Frank: Ja, das kann ich machen. Ich bringe dann auch noch Brot mit.
Manuela: Sehr gut. So, dann haben wir alles.
Frank: Ja, zum Essen und Trinken haben wir dann alles. Aber wir brauchen noch Bierbänke und -tische. Soll ich das machen?
Manuela: Nein, das kann ich machen. Ich rufe gleich beim Partyservice an.
Frank: Gut, prima.
Manuela: Super. Ich denke, dann haben wir alles.

▶ 3 | 5   *Herr Lorenz:* Partyservice Lorenz, guten Tag.
Manuela: Guten Tag. Hier Manuela Krumm. Spreche ich mit dem Partyservice Lorenz?
Herr Lorenz: Ja, da sind Sie richtig. Stefan Lorenz am Apparat.
Manuela: Ah, sehr schön. Also ich möchte Bierbänke für meine Gartenparty mieten.
Herr Lorenz: Ja, die haben wir. Wann ist denn die Party?
Manuela: Am 23. Juli.
Herr Lorenz: O. k. Und was brauchen Sie genau?
Manuela: Also, ich brauche Tische und Bänke für 15 Personen.
Herr Lorenz: Hm, bei 15 Personen brauchen Sie zwei Biertische und vier Bierbänke. Denn auf eine Bank passen vier Personen.
Manuela: Gut. Wie viel kostet das?
Herr Lorenz: Für einen Tisch und zwei Bänke zahlen Sie 9,55 € für das Wochenende.
Manuela: Gut, dann nehme ich zwei Tische und vier Bänke. Wie lang ist denn so ein Biertisch?
Herr Lorenz: Hm, die Biertische sind 2 Meter 20 lang.
Manuela: So lang? Die Tische und Bänke passen ja gar nicht in unser Auto. Können Sie sie mir nach Hause liefern?
Herr Lorenz: Ja, das können wir machen.
Manuela: Gut.
Herr Lorenz: Wir kommen schon am Freitag vor der Feier. Um wie viel Uhr sollen wir Ihnen die Biertische liefern?
Manuela: Hm, ich komme um 17:00 Uhr nach Hause.
Herr Lorenz: Passt Ihnen halb sechs?
Manuela: Ja, das ist gut.
Herr Lorenz: Also, halb sechs. Und wie ist Ihre Adresse?
Manuela: Fichtestraße 91b in Hannover-Burgdorf. Wir feiern im Garten. Der Fahrer muss um das Haus herum fahren und dann …
Herr Lorenz: Der Fahrer ruft Sie noch an. Dann können Sie ihm den Weg erklären.
Manuela: Gut.
Herr Lorenz: Sagen Sie, wollen Sie auch ein Partyzelt mieten?
Manuela: Ein Zelt?
Herr Lorenz: Ja, es kann ja regnen.
Manuela: Ach ja, das ist eine gute Idee. Wie teuer ist das?
Herr Lorenz: 80 € für das Wochenende.
Manuela: Aha. Das ist nicht billig. Hmm, und wie baut man das auf? Bieten Sie Ihren Kunden einen Aufbauservice an?
Herr Lorenz: Ja, natürlich. Das ist inklusive.
Manuela: Na gut, dann nehme ich auch das Zelt.
Herr Lorenz: O. k, das sind dann zweimal 9,55 € für die Biertische und Bänke und einmal 80 € für das Partyzelt. Liefern, Abholen und Aufbauen ist inklusive. Das macht dann 99,10 €.
Manuela: Aha. Und wie bezahle ich?
Herr Lorenz: Sie können bei der Lieferung bar zahlen.
Manuela: Gut, aber wie bekomme ich dann die Rechnung? Schicken Sie sie mir oder bekomme ich die Rechnung vom Fahrer?
Herr Lorenz: Der Fahrer gibt sie Ihnen.
Manuela: Ach so. Ja gut. Dann vielen Dank.
Herr Lorenz: Ja, bitte. Auf Wiederhören.
Manuela: Tschüss.

▶ 3 | 6   *Sprecherin:* Gespräch 1
Manuela: Oh, meine ersten Gäste. Frank, kannst du bitte die Tür öffnen.
Frank: Ja, klar. Hallo, ich bin Frank Krumm.
Markus: Guten Tag Herr Krumm, ich bin Markus Zender, ein Kollege von Manuela.
Frank: Freut mich. Kommen Sie doch herein. Manuela! Dein Kollege, Herr Zender ist da.
Manuela: Oh, hallo Markus. Ah, ihr habt euch ja schon vorgestellt, wie schön!
Markus: Ja, hallo Manuela. Wir haben uns schon vorgestellt.

▶ 3 | 7   *Sprecherin:* Gespräch 2
Manuela: Hallo Elvira!
Elvira: Hallo Manuela. Danke für die Einladung.
Manuela: Gerne. Komm doch gleich in den Garten. Es sind schon viele Kollegen da. Ah, da ist ja Frank. Elvira, darf ich dir meinen Mann vorstellen?
Elvira: Oh, gern. Hallo Herr Krumm, ich bin Elvira Daniels, eine Teamkollegin von Manuela.
Frank: Hallo Frau Daniels!

▶ 3 | 8   *Sprecherin:* Gespräch 3
Tina: Hallo Manuela.
Manuela: Oh, hallo Tina. Komm rein. Die anderen sind schon im Garten.
Tina: Schön, die Feier heute.
Manuela: Ja, und das Wetter ist auch super. Ah, da kommt Frank, mein Mann. Ich stelle euch kurz vor.
Tina: Ja, gern.
Manuela: Frank, das ist meine Kollegin Tina.
Frank: Hallo Tina, Manuela hat schon viel von dir erzählt.
Tina: Hallo Frank, ich habe auch schon viel von dir gehört.
Manuela: Tom, komm mal bitte her. Und das ist mein Sohn, Tom.
Tina: Oh, hallo Tom. Du bist aber schon groß.
Tom: Äh, hallo.

▶ 3 | 9   *Sprecherin:* Gespräch 4
Tina: Hallo Markus, du bist ja auch schon da.
Markus: Ah, Tina, hallo.
Tina: Die Feier ist sehr schön.
Markus: Ja, wirklich schön.
Tina: Jetzt habe ich aber Hunger. Hmm, das Buffet sieht sehr gut aus.
Markus: Ja, das stimmt. Du musst den Nudelsalat probieren, der ist richtig gut.
Tina: Ja, den nehme ich gern. Hmm, der Nudelsalat schmeckt super.
Markus: Das Fest ist wirklich schön. Und wir haben Glück mit dem Wetter.
Tina: Ja, das Wetter ist wunderbar. Ah, da ist Alexej. Komm, wir gehen zu ihm.
Markus: O. k.

▶ 3 | 10   *Sprecherin:* Gespräch 5
Alexej: Die Feier ist super.
Manuela: Ja.
Alexej: Aber wir feiern deinen Abschied. Das ist schade.
Manuela: Stimmt. Aber ich will mal etwas anderes machen.
Alexej: Was sind denn deine Aufgaben bei der Sulkar GmbH?
Manuela: Dort arbeite ich im Kundendienst und betreue die Kunden in Europa.
Alexej: Oh, das ist bestimmt sehr interessant.
Manuela: Ja, bestimmt.

Transkriptionen zum Kursbuch

Alexej: Kennst du schon deine Kollegen bei der Sulkar GmbH?
Manuela: Nein, leider noch nicht.
Alexej: Hm, schade. Aber in einer Woche lernst du sie ja kennen.
Manuela: Ja, nur noch eine Woche. Jetzt geht es schnell.
Alexej: Für dich gut, für uns leider nicht so gut. Aber, komm, wir wollen auf dich anstoßen.
Manuela: Ja, gern.
Alexej: Ich wünsche dir alles Gute für die Zukunft!
Manuela: Vielen Dank!

Lektion 12

▶ 3 | 15   *Makler:* Immobilien Boll, Huber am Apparat, guten Tag?
Christian Fahr: Guten Tag, hier spricht Christian Fahr. Ich habe Ihre Wohnungsanzeige gelesen. Ich habe Interesse an einer Wohnung am Stadtwald.
Makler: Da haben Sie aber Glück. In dem Haus sind noch einige Wohnungen frei.
Christian Fahr: Ähm, ja, ich habe auch schon im Internet nachgeschaut. Ja, und ich finde die 2-Zimmer-Wohnung im 4. Obergeschoss sehr interessant.
Makler: Die 2-Zimmer-Wohnung im 4. Stock, hm – die ist leider nicht mehr frei. Die haben wir heute Vormittag vermietet.
Christian Fahr: Was? Die Wohnung haben Sie schon vermietet? Oh je!
Makler: Ja, aber im Haus ist noch eine 2-Zimmer-Wohnung frei, im 2. Obergeschoss.
Christian Fahr: Mmh, im 2. Stock. Wie groß ist die denn?
Makler: Die hat 59 m².
Christian Fahr: Ach so, dann ist sie ja fast so groß wie die andere Wohnung.
Makler: Ja, das stimmt.
Christian Fahr: Und wie hoch ist die Miete?
Makler: Ähm, 539 €.
Christian Fahr: 539 €, aha. Und wie hoch sind die Nebenkosten?
Makler: Die Nebenkosten betragen 180 €.
Christian Fahr: Ähm. Also, Nebenkosten 180 €? Sind die Heizkosten in den Nebenkosten?
Makler: Ja, ja, die sind inklusive.
Christian Fahr: Gut. Ähm, wie ist denn die Ausstattung von der Wohnung?
Makler: Die Ausstattung ist wie in der Wohnung im 4. Obergeschoss, also offene Küche, großes Wohn- und Esszimmer und ein Balkon.
Christian Fahr: Hmhm, geht der Balkon da auch nach Süden?
Makler: Äh, nein, nach Westen. Sie schauen aber auch auf schöne alte Bäume.
Christian Fahr: Gut. Wann kann ich die Wohnung ansehen?
Makler: Passt Ihnen morgen Nachmittag um 16:00 Uhr?
Christian Fahr: Ja, das passt mir gut.
Makler: Gut, dann gebe ich Ihnen die genaue Adresse, einen Moment …

▶ 3 | 16   *Christian Fahr:* Schau mal, das ist mein Einrichtungsplan.
Anne: Aha, zeig mal!
Christian Fahr: Hier ist das Wohnzimmer. Ich will den Esstisch und die Stühle hier vor das Fenster stellen. Das Regal stelle ich hier in die Ecke. Ähm, und das Sofa möchte ich hier an die Wand stellen und vor das Sofa den Couchtisch und den Sessel.
Anne: Hm?!
Christian Fahr: Ja, so möchte ich das machen. Und die Lampe hänge ich über den Esstisch.
Anne: Also: Du willst das Sofa und den Couchtisch in die Ecke hinter die Tür stellen? Das finde ich nicht gut. Stell doch den Esstisch und die Stühle in die Ecke hinter die Tür.
Christian Fahr: Den Esstisch und die Stühle in die Ecke hinter die Tür? Und das Sofa und den Couchtisch? Wohin sollen die dann?
Anne: Das Sofa stellst du an die Wand unter das Fenster. Den Couchtisch stellst du vor das Sofa. Das Regal bleibt und den Sessel stellst du zwischen das Regal und den Couchtisch, da hast du prima Licht zum Lesen, da ist es hell.
Christian Fahr: Hm. Den Sessel zwischen Regal und Couchtisch? Ich weiß nicht. Und der Teppich? Und die Lampe? Wohin sollen die?
Anne: Die Lampe hängst du wieder über den Esstisch, aber den Teppich, den legst du unter den Sessel vor das Bücherregal.
Christian Fahr: Den Teppich unter den Sessel vor das Regal? Na ja … Und wie findest du das Schlafzimmer?
Anne: Das Schlafzimmer ist schön groß, aber warum stellst du das Bett in die Ecke? Stell es doch unter das Fenster.
Christian Fahr: Unter das Fenster? Hmm.
Anne: Ja, und die Kommode, die stellst du in die Ecke neben den Kleiderschrank. Später kaufst du noch einen Schreibtisch und einen Schreibtischstuhl, die kannst du dann hinter die Tür ins Schlafzimmer stellen.
Christian Fahr: Ja, … einen Schreibtisch brauche ich noch, das Bett unter das Fenster, ja, warum nicht? Und die Kommode neben den Kleiderschrank in die Ecke. Warte, ich zeichne das Bett unter das Fenster … und der Flur? Was stört dich am Flur?
Anne: Den Flur finde ich super, da stört mich gar nichts!
Christian Fahr: Na, dann bin ich ja froh.

▶ 3 | 17   *Interviewer:* Guten Tag. Mein Name ist Mario Werner vom Landessender 2. Haben Sie einen Moment Zeit? Wir machen eine Umfrage zum Thema „Wo und wie wohnen Menschen in unserer Stadt?" Können Sie uns etwas dazu sagen?
Passant 1: Ja, klar. Fragen Sie. Aber ich habe nicht viel Zeit.
Interviewer: Kein Problem. Also: Was ist für Sie am Wohnort wichtig?
Passant 1: Na ja. Ich bin Hausmeister. Meine Frau und ich wohnen in der Stadtmitte zur Miete. Im Moment passt uns das gut. Wir haben zwei Supermärkte und eine Bäckerei in der Nähe. Das ist wichtig für uns. Das Einkaufszentrum ist auch nicht weit. Ich bin jetzt 60 Jahre alt, in fünf Jahren gehe ich in Rente. Dann ziehen meine Frau und ich an den Stadtrand. Die Eltern von meiner Frau haben dort ein Haus mit Garten. Ähm, jetzt muss ich aber weiter.
Interviewer: Ja, natürlich. Vielen Dank und einen schönen Tag noch.

▶ 3 | 18   *Interviewer:* Entschuldigen Sie, guten Tag, wir machen ein Interview zum Thema „Wohnen". Darf ich Ihnen ein paar Fragen stellen?
Passantin 2: Ja, gerne.
Interviewer: Wie wohnen Sie und was ist für Sie am Wohnort wichtig?
Passantin 2: Meine Familie und ich wohnen in einem Mehrfamilienhaus. Die Miete ist teuer, aber wir haben den Kindergarten in der Nähe, so kann ich mit der Kleinen zu Fuß gehen. Und es gibt zwei Ganztagsschulen, das ist praktisch, denn ich arbeite und komme erst abends nach Hause. Es gibt auch ein Hallenbad, das Sportstadion und einen Sportverein, der ist für die Kinder sehr wichtig.
Interviewer: Ah ja, vielen Dank. Auf Wiedersehen.

▶ 3 | 19   *Interviewer:* Hallo, wir sind vom Landessender 2, wir machen ein Interview zum Thema „Wohnen". Darf ich Sie etwas fragen?
Passant 3: Ja.
Interviewer: Was ist für Sie am Wohnort wichtig?
Passant 3: Ich bin Architekt. Für mich ist die gute Verkehrsanbindung sehr wichtig. Ich muss oft zu Baustellen fahren und die Arbeiten dort kontrollieren. Ich brauche Bus und Bahn vor meiner Haustür – und natürlich fahre ich auch Auto. Zur Autobahn ist es nicht weit. Es ziehen viele junge Familien mit kleinen Kindern in die Region und bauen Häuser und sie bringen Arbeitsplätze in die Region. Das ist auch wichtig.
Interviewer: Ja, das stimmt. Danke für Ihre Antwort, auf Wiedersehen.

Transkriptionen zum Kursbuch

▶ 3 | 20 *Interviewer:* Guten Tag, haben Sie einen Moment Zeit? Wir machen ein Interview zum Thema „Wo und wie wohnen Menschen in unserer Stadt." Können Sie uns dazu etwas sagen?
Passantin 4: Ja …
Interviewer: Danke. Was ist Ihnen denn am Wohnort wichtig? Wohnen Sie zur Miete oder im eigenen Haus?
Passantin 4: Ein Eigenheim? Ich nicht! Ich wohne in einem Hochhaus im 14. Stockwerk. Ich habe Aufzug, Keller, Tiefgarage, und – das ist besonders schön – vor allem nette Nachbarn. Und: Es gibt ein Theater, ein Kinocenter, das Stadtmuseum, alles in der Nähe, ich brauche das. Es gibt auch viele Cafés und Restaurants um die Ecke, in zehn Gehminuten haben wir einen Park. Und meine Arbeitsstelle, da gehe ich zu Fuß hin. Ich wohne sehr gern hier.
Interviewer: Vielen Dank! Auf Wiedersehen.

Lektion 13

▶ 3 | 24 *Thomas Wolf:* Guten Morgen, alle zusammen. Ich bin Thomas Wolf, Ihr Ausbildungsleiter. Ich begrüße Sie herzlich zu unserer Einführungswoche hier bei Wirtgen. Vielleicht beginnen wir mit einer Vorstellungsrunde.
Dirk Heim: Hallo, ich bin Dirk Heim. Ich komme aus Mainz und ich möchte Fachkraft für Lagerlogistik werden. Ich habe hier schon ein Praktikum gemacht und die Tätigkeit hat mir sehr gut gefallen.
Alina Breuer: Guten Morgen, mein Name ist Alina Breuer. Ich habe in Köln Abitur gemacht und möchte hier eine Ausbildung als Industriekauffrau machen. Ich glaube, die Tätigkeit ist sehr interessant.
Diego Gómez: Hallo. Ich bin Diego Gómez. Ich komme aus Spanien. Ich wollte schon immer Elektroniker werden und jetzt habe ich hier einen Ausbildungsplatz bekommen. Das ist wunderbar!
Alina Breuer: Boah! Du sprichst aber gut Deutsch!
Diego Gómez: Ja, es geht. Ich habe in Spanien schon Deutsch gelernt.
Alina Breuer: Super!
Dirk Heim: Ja, echt!
Thomas Wolf: Ja, das ist wirklich sehr gut. Aber jetzt machen wir weiter.
Martina Wehner: Hallo, ich heiße Martina Wehner und komme aus Frankfurt. Ich möchte eine Ausbildung …

▶ 3 | 25 *Alina Breuer:* Eine Superidee der Ausflug nach Köln. Der Biergarten hier am Rhein ist richtig schön.
Dirk Heim: Ja, und das Essen war echt gut!
Alina Breuer: Und preiswert.
Diego Gómez: Stimmt, ich dachte, in Deutschland ist alles teuer. Aber man kann schon preiswert essen.
Alina Breuer: Gott sei Dank! Ähm, sag mal Diego, warum willst du denn Elektroniker werden?
Diego Gómez: Och, das ist eine lange Geschichte.
Alina Breuer: Na dann erzähl doch mal – ja?
Dirk Heim: Ja, bitte!
Diego Gómez: Also, mein Großvater wusste viel über Elektrik. Er kam aus einer Familie mit vielen Kindern – er hatte acht Geschwister! Sie hatten sehr wenig Geld und mussten alles selbst machen: bauen, reparieren, na ja und auch elektrische Installationen.
Alina Breuer: Hm. War das nicht gefährlich?
Diego Gómez: Vielleicht schon, aber mein Großvater hatte Talent. Er begann ganz langsam und erledigte kleine Arbeiten für die Nachbarn. Und so wurde er bekannt und bekam immer mehr Aufträge. Das ging dann nicht mehr von zu Hause. Und so suchte und fand er schließlich einen kleinen Laden. Dort eröffnete er ein Elektrogeschäft.
Dirk Heim: Das ist ja interessant. Und wie ging das?
Diego Gómez: Zum Glück ging es sehr gut, denn die ganze Familie arbeitete mit. Meine Großmutter stand den ganzen Tag im Laden. Später arbeiteten auch mein Vater, meine Mutter und meine Tante dort.
Alina Breuer: War dein Vater auch Elektriker?

Diego Gómez: Ja, der hat eine Ausbildung als Elektriker gemacht. Die schloss er sehr gut ab und führte dann bald das Geschäft, das tut er bis heute.
Alina Breuer: Ah, und deine Mutter?
Diego Gómez: Die machte die Buchhaltung, schrieb Angebote und Rechnungen und so weiter. Und meine Tante half im Laden.
Dirk Heim: Und wo warst du in der Zeit?
Diego Gómez: Na ja, ich rannte schon als kleines Kind immer im Laden herum und fand alles sehr spannend. Und mein Opa und mein Vater brachten mir auch viele Sachen bei. Und als Schüler half ich dann auch im Laden. Und natürlich wollte ich auch Elektriker werden.
Dirk Heim: Das versteh' ich gut.

▶ 3 | 26 *Dirk Heim:* Und warum bist du dann nach Deutschland gekommen?
Diego Gómez: Also, das war so: Am Ende von meiner Schulzeit machte meine Cousine gerade ihre Ausbildung in München. Sie verbrachte ihre Ferien in Spanien und da traf ich sie. Sie kannte natürlich das duale System und erzählte mir viel von der Ausbildung und von Deutschland und so. Naja, und so dachte ich auch: Eine Ausbildung zum Elektroniker ist heute besser – und eine Ausbildung in Deutschland war immer mein Traum. In der Schule hatten wir Deutsch und nach dem Abitur habe ich noch Deutschkurse gemacht.
Dirk Heim: Ja, das hört man auch. Dein Deutsch ist wirklich super!
Diego Gómez: Oh danke! Ja, und dann arbeitete ich ein halbes Jahr als Küchenhilfe in Mainz. Da kannte meine Mutter eine Familie aus Barcelona. Die haben da eine Tapas-Bar.
Dirk Heim: Hm. Tapas – ich liebe Tapas!
Alina Breuer: Ja, Tapas sind super! Oh, Entschuldige Diego, erzähl doch bitte weiter!
Diego Gómez: Also, einmal surfte ich im Internet und da sah ich die Anzeige von Wirtgen. Ich schrieb direkt eine Bewerbung. Mann, war das spannend! Ich wartete total nervös auf die Antwort aus Windhagen und … – ja, und jetzt sitze ich schon mit euch hier im Biergarten!
Alina Breuer: Na, das war ja wirklich interessant. Hat deine Familie denn noch das Geschäft?
Diego Gómez: Meine Großeltern sind schon in Rente. Aber meine Eltern arbeiten immer noch dort, auch meine Tante und meine Cousine – und wir haben mehrere Angestellte. Die Firma ist heute ziemlich groß. Ich kann sie euch ja mal im Internet zeigen.
Alina Breuer: Ja, gern.
Dirk Heim: Ja, die möchte ich gern mal sehen.
Diego Gómez: Ja, mach ich gern.
Alina Breuer: Ja. Und du, Dirk, warum machst du eine Ausbildung zur Fachkraft für Lagerlogistik?
Dirk Heim: Also, bei mir war das so: Ich wollte zuerst studieren, aber dann dachte ich, vielleicht mache ich doch eine Ausbildung …

▶ 3 | 27 *Sprecherin:* Präsentation – Teil 1
Maria Baum: Guten Morgen, alle zusammen. Mein Name ist Maria Baum. Ich gehöre zum Ausbildungsteam. Gestern hat Ihnen ja der Ausbildungsleiter, Herr Wolf, die Firma Wirtgen vorgestellt. Ich möchte Ihnen heute die Firma Hamm vorstellen, eine von den vier Firmen in der Wirtgen Group und ein typisches Beispiel für den Maschinenbau in Deutschland. Zuerst möchte ich Ihnen – sehr kurz – etwas zur Firmengeschichte erzählen. Dann möchte ich die wirtschaftliche Entwicklung von Hamm zeigen und zum Schluss können Sie Fragen stellen.
Danach geht es wie folgt weiter: Zuerst stellt der Kollege, Herr Baumann, die anderen drei Firmen der Wirtgen Group vor: die Firma Joseph Vögele, die Kleemann GmbH und die Firma Benninghoven.
Jede Präsentation dauert ca. eine Viertelstunde. Um 10:15 Uhr gibt es eine Kaffeepause und um 10:30 Uhr gehen Sie in die Arbeitsgruppen.

Transkriptionen zum Kursbuch

▶ 3 | 28 *Sprecherin:* Präsentation – Teil 2
Maria Baum: Ich beginne also mit der Firmengeschichte: 1878 gründeten Franz und Anton Hamm die Firma „Gebrüder Hamm" mit Sitz in Tirschenreuth, in Bayern. Sie produzierten zuerst Landmaschinen. Die Firma hatte Erfolg und wurde schnell bekannt. 1911 baute Hans Hamm die erste Straßenwalze mit Motor – hier ein Foto. Ab 1928 entwickelte die Firma die Straßenwalzen technisch immer weiter und wurde auch international erfolgreich. Und seit den 50er-Jahren ist der Export ständig gestiegen!
Dann kam etwas Neues: Seit 1999 gehört Hamm zur Wirtgen Group. Wichtig auch: Die Firma baute den Standort aus: 2002 eröffnete sie ein neues Werk in Tirschenreuth. Sehen Sie dieses Foto hier. Ein Jahr später, im Jahre 2003, feierte die Firma ihr 125. Jubiläum mit internationalen Gästen. In den letzten 10 bis 15 Jahren konnte die Firma den Umsatz ständig erhöhen und die Absatzmärkte auf ca. 110 Länder weltweit erweitern. Die Mitarbeiterzahl wuchs auf heute ca. 1.000 Personen. Die Firma hat viele Preise bekommen, zum Beispiel 1998 den ersten internationalen Designpreis oder 2005 den „Design Oscar" für die DV-Walze. Hier sehen Sie ein Foto. Bis heute waren es schon 25 Preise.
Hier auf dem Tisch liegen Werksbroschüren. Da finden Sie viele Fotos und wichtige Informationen. Die können Sie mitnehmen. Die Broschüre können Sie aber auch von unserer Webseite herunterladen. Nun komme ich zum Schluss von diesem Teil. Haben Sie vielleicht Fragen? Dann stellen Sie sie bitte jetzt, denn im letzten Teil geht es um technische Informationen.

Lektion 14

▶ 3 | 31 *Sprecherin:* Telefongespräch – Teil 1
David Sinn: Wäh, wäh, wäh … Ich kann's bald nicht mehr hören. Oh Mann! Schon 20 Minuten. Ich glaub', ich leg' jetzt auf.
Kundenbetreuerin: Hier „Kabel Perfekt". Mein Name ist Nicole Reimer, was kann ich für Sie tun?
David Sinn: Na endlich! Ich habe bei Ihnen das Angebot „Kabel Perfekt 3", also Kabel-TV, Internet und Telefon gebucht. Und ich habe ein Problem.
Kundenbetreuerin: Einen Moment bitte! Wie ist Ihre Kundennummer, bitte?
David Sinn: Auch das noch! Ähm. Sie ist: 3000458.
Kundenbetreuerin: O. k. Sie sind David Sinn, Grüner Weg 6, in 96465 Neustadt?
David Sinn: Ja, ja, der bin ich.
Kundenbetreuerin: Und Sie haben einen Vertrag über „Kabel Perfekt 3" mit uns, also alles zusammen: Fernsehen, Internet und Telefon?
David Sinn: Ja. Das habe ich doch schon gesagt.

▶ 3 | 32 *Sprecherin:* Telefongespräch – Teil 2
David Sinn: Also, ich habe ein Problem. Die Sendung mit der Hardware ist gekommen, aber sie ist nicht komplett.
Kundenbetreuerin: Aha! Das tut mir leid. Was fehlt denn?
David Sinn: Es fehlt die CD-ROM mit der Software. Äh, der Router, das Netzteil und die Antenne sind da – ja, und das Ethernet-Kabel ist auch nicht im Paket.
Kundenbetreuerin: Also, was fehlt? Das Ethernet-Kabel und die CD-ROM?
David Sinn: Ja, ja genau!
Kundenbetreuerin: Einen Moment bitte, ich verbinde Sie mit der Produkt- und Kaufberatung. …
Herr Sinn?
David Sinn: Ja.
Kundenbetreuerin: Es tut mir leid, ich kann leider nichts tun – dort sind alle Mitarbeiter im Gespräch und hier ist die Technikhotline. Bitte rufen Sie die Produkt- und Kaufberatung an, auch unter 0800 33456678 und wählen Sie dann die „Drei".
David Sinn: Können Sie es nicht noch einmal versuchen?
Kundenbetreuerin: Ich verstehe Sie, aber es hat keinen Sinn, weil alle Anschlüsse besetzt sind. Es tut mir leid, aber ich muss jetzt weitermachen, weil noch viele andere Kunden in der Leitung sind. Ich hoffe, Sie verstehen das.
David Sinn: Nee, wirklich nicht!

▶ 3 | 33 *David Sinn:* Wo habe ich denn die Nummer? Ach, hier ist sie ja: 0-8-0-0-3-3-4-5-zweimal die 6-7-8.
Hotline-Ansage: Herzlich willkommen bei „Kabel Perfekt" – TV, Telefon und Internet. Wenn Sie neue Produkte kennenlernen wollen, dann wählen Sie bitte die „Eins". Bei technischen Störungen wählen Sie die „Zwei". Wenn Sie mit der Produkt- und Kaufberatung sprechen wollen, dann wählen Sie die „Drei".
David Sinn: Äh, was wähle ich denn jetzt, die „Zwei" oder die „Drei"? Am besten, ich höre es noch mal.
Hotline-Ansage: Wenn Sie neue Produkte kennenlernen wollen, dann wählen Sie bitte die „Eins". Bei technischen Störungen wählen Sie die „Zwei". Wählen Sie die „Drei", wenn Sie mit der Produkt- und Kaufberatung sprechen wollen.
David Sinn: Hm, was mach' ich? Am besten warte ich. Vielleicht verbinden sie mich mit einem Kundenberater.
Hotline-Ansage: Ich habe Ihre Wahl nicht verstanden. Ich verbinde Sie jetzt mit einem Kundenberater.
David Sinn: Danke.
Hotline-Ansage: Zurzeit sind alle Kundenberater im Gespräch, bitte warten Sie.
David Sinn: Wieder warten … Am besten, ich schalte auf laut und arbeite einfach weiter.

▶ 3 | 34 *Kundenbetreuerin:* Guten Tag. Hier spricht Michaela Maier, Kundenservice. Was kann ich für Sie tun?
David Sinn: Oh, guten Tag, hier ist David Sinn. Ähm, die Aktivierung von meiner SmartCard für den Receiver klappt nicht.
Kundenbetreuerin: Aha. Wie ist Ihre Kundennummer, bitte?
David Sinn: Meine Kundennummer ist: 3000458.
Kundenbetreuerin: Danke. Und Ihr Geburtsdatum?
David Sinn: Äh, warum soll ich Ihnen das sagen?
Kundenbetreuerin: Ich muss das mit den Daten hier vergleichen – für Ihre und unsere Sicherheit.
David Sinn: O. k. Mein Geburtsdatum ist: 15.3.1986.
Kundenbetreuerin: Ja. Hier habe ich Sie. Sie haben unser Komplett-Paket: Fernsehen, Telefon und Internet, richtig?
David Sinn: Ja, ja. Aber ich bekomme nicht alle Sender, weil es mit der Aktivierung von der Smart-Card im Receiver nicht klappt.
Kundenbetreuerin: Hmhm, Sie können sie nicht aktivieren. Haben Sie es schon online versucht?
David Sinn: Ja, ja, das habe ich alles schon gemacht – schon oft – sehr oft! Können Sie die Karte nicht aktivieren?
Kundenbetreuerin: Nein, ich kann das leider nicht. Das muss ein Kollege aus der anderen Abteilung machen. Der ist zuständig. Ich hinterlasse ihm eine Nachricht.
David Sinn: Sie hinterlassen eine Nachricht? Das dauert ja wieder so lange. Ich brauche aber den Fernseher dringend. Ich bin Journalist, arbeite im Home-Office und schreibe auch über Fernsehsendungen. Können Sie mich nicht jetzt mit dem Kollegen verbinden?
Kundenbetreuerin: Gut, ich versuche es. Warten Sie einen Moment.
David Sinn: Oh nee!! Jetzt ist auch noch die Leitung besetzt!
Kundenbetreuerin: Herr Sinn?
David Sinn: Ja.
Kundenbetreuerin: Der Kollege ist gerade im Kundengespräch. Ich habe ihm gesagt, dass es dringend ist. Er ruft Sie zurück. Kann er Sie unter der Nummer auf dem Display erreichen: 09568 / 997356?
David Sinn: Ja, das ist meine Nummer. Wann ruft er denn zurück?
Kundenbetreuerin: Es dauert sicher nicht so lange.

David Sinn: Sicher? Hm. Geben Sie mir doch bitte die Durchwahl von dem Kollegen. Dann rufe ich ihn an.
Kundenbetreuerin: Das dürfen wir leider nicht.
David Sinn: Hm! Dann richten Sie ihm aber bitte aus, er soll gleich anrufen. Es ist wirklich dringend. Bitte! Ich kann so nicht arbeiten!
Kundenbetreuerin: Ja, ich richte es ihm aus. Auf Wiederhören!
David Sinn: Danke schön! Auf Wiederhören!

▶ 3 | 35   *David Sinn:* Hallo, hier David Sinn.
Emma: Hallo David. Hier ist Emma. Hast du 'nen Moment Zeit, ich brauch' deine Hilfe.
David Sinn: Ja, was ist denn los?
Emma: Ich weiß, du bist fit mit Computern und so …
David Sinn: Na ja, geht so.
Emma: Also, ich hab' einen WLAN-Router gekauft und mit der Installation klappt was nicht. Wie installiert man den richtig? Weißt du das?
David Sinn: Hm. Das Problem kenn' ich. Hast du die Anleitung gelesen?
Emma: Na klar.
David Sinn: O. k. Dann sag mal. Was hast du gemacht?
Emma: Also, ich habe alles wie in der Anleitung gemacht: Ähm, also ich hab' zwei Ethernet-Kabel mit dem Router bekommen. Ich hab' das erste Ethernet-Kabel in das Modem und in den Internet-Anschluss vom Computer gesteckt.
David Sinn: Welche Farbe hat das Kabel: grau oder blau?
Emma: Grau.
David Sinn: O. k. Bis jetzt ist alles richtig. Und weiter?
Emma: Ja, und dann hab' ich das zweite Kabel in den Ethernet-Anschluss vom Computer und in einen LAN-Anschluss vom WLAN-Router gesteckt, ja, und dann hab' ich den Netzstecker vom Kabelmodem und vom WLAN-Router in die Steckdose gesteckt.
David Sinn: Hm. Dann hast du doch alles richtig gemacht. Waren die Leuchten an der Vorderseite vom Router an?
Emma: Ja, und die Internet-Leuchte hat grün geblinkt. Das stand auch so in der Anleitung.
David Sinn: Hast du denn die Software installiert?
Emma: Ja, ja. Ich hab' die Software installiert. Aber das WLAN funktioniert nicht. Ich meine, da stimmt was nicht. Kannst du heute Abend nicht kurz vorbeikommen und mal schauen?
David Sinn: Heute Abend kann ich nicht, aber morgen Abend gegen acht Uhr geht es.
Emma: Oh toll! Danke. Dann bis morgen.
David Sinn: Gut, bis morgen.
Emma: Tschüss!

Lektion 15

▶ 3 | 37   *Sprecherin:* 1. Sandra Kleinert, 28 Jahre
Sandra Kleinert: Meine Kollegin und ich hören oft: „Was, du arbeitest als Sicherheitskraft?!" Denn eine Frau als Sicherheitskraft – das können sich viele nicht vorstellen. Aber das ärgert uns nicht. Denn unsere männlichen Kollegen sind alle sehr nett und die Arbeit ist sehr interessant. Oft sitze ich am Empfang und schaue auf die Monitore. Das ganze Haus ist ja voll von Kameras. Manchmal gibt es auch einen Alarm, zum Beispiel wenn die Tür zur Tiefgarage nicht zu ist. Da müssen wir dann hin und das kontrollieren.

▶ 3 | 38   *Sprecherin:* 2. Hans Richter, 37 Jahre
Hans Richter: Ich bin in meiner Freizeit sehr gerne draußen. Und in meinem Beruf möchte ich auch viel in der Natur sein. Den ganzen Tag im Büro sitzen? Nein, das möchte ich nicht, und so habe ich eine Ausbildung zum Gärtner gemacht. Seit dem Frühling arbeite ich als Betriebsgärtner bei einer großen Berliner Hausverwaltung. Da kümmere ich mich um die Grünflächen, pflanze Blumen und schneide Hecken. Es soll ja gut aussehen!

▶ 3 | 39   *Sprecherin:* 3. Mehmet Atalay, 30 Jahre
Mehmet Atalay: Nach meiner Ausbildung als Anlagenmechaniker habe ich eine Weiterbildung zum Haustechniker gemacht. Die Weiterbildung war sehr vielseitig: Heizungs- und Klimatechnik, Sicherheitstechnik und so weiter. Jetzt bin ich bei einer Gebäudemanagementfirma für die Haustechnik zuständig. Um kleinere Reparaturen kümmere ich mich selber. Aber wenn es eine große Reparatur ist, muss ich eine Fremdfirma bestellen. Dann gibt es viel Papierkram: Reparaturen in Auftrag geben, Berichte schreiben und, und, und …

▶ 3 | 40   *Sprecherin:* 4. Vitali Kusmin, 42 Jahre
Vitali Kusmin: Mein Job? – So etwas wünscht man sich schon als kleiner Junge: Sport, Spannung und Arbeit verbinden. Ich reinige Fassaden von Bürogebäuden. Einige sind zehn bis zwanzig Stockwerke hoch – die Fassade ganz aus Glas. Ich bin natürlich sportlich, aber bei Hochhäusern geht es nicht ohne einen Lift. Mein Leben ist mir schon wichtig. Viele finden die Arbeit als Fassadenreiniger zu hart und wechseln nach ein paar Jahren die Arbeit und reinigen dann zum Beispiel Büros. Aber ich bleibe bei der Fassadenreinigung – das ist schon etwas Besonderes!

▶ 3 | 41   *Frau Michels:* Hausverwaltung Zander, Nicole Michels.
Herr Pieper: Hier Jochen Pieper, Gebäudereinigung.
Frau Michels: Ach guten Tag Herr Pieper. Gut, dass Sie sich melden. Ich wollte Sie auch noch anrufen.
Herr Pieper: Schön, dann mach' ich es kurz: Es geht um die Treppenhausreinigung im Wohngebäude Waldstraße 92a. Sie haben mir heute das Faxformular zugeschickt. Da fehlt eine Information.
Frau Michels: Kein Problem, die gebe ich Ihnen. Was hat denn gefehlt?
Herr Pieper: Ähm, gibt es im Gebäude keinen Aufzug? Denn hier haben Sie nichts angekreuzt.
Frau Michels: Oh, … das ist falsch. Natürlich gibt es einen Aufzug und den sollen Sie auch reinigen.
Herr Pieper: O. k., dann kreuze ich das noch an. Das war's von meiner Seite.
Frau Michels: Ich wollte Sie Folgendes fragen: Wir möchten Ihre Firma gerne mit unserem Bürogebäude am Kleistpark beauftragen. Da sind wir mit der Reinigungsfirma nicht so zufrieden. Na ja, und da wollten wir Sie fragen, ob Sie diesen Auftrag auch übernehmen können.
Herr Pieper: Oh, das machen wir natürlich gerne. Wie viele Etagen hat das Gebäude denn?
Frau Michels: Zehn mit dem Erdgeschoss. Und wir haben dort die normale Unterhaltsreinigung. Also den Empfang und die Büros täglich, die Flure zweimal wöchentlich. Aber das wissen Sie ja alles selbst.
Herr Pieper: Ja, ja. Und die WC-Anlagen wie immer zweimal täglich.
Frau Michels: Ja, zweimal täglich, wie immer.
Herr Pieper: Dann ist ja alles klar. Nein, halt, eine Frage noch: Haben die Etagen auch Abstellräume?
Frau Michels: Gute Frage. Hm, warten Sie bitte. Ich schau mal in die Pläne. … Hm, das …, das haben wir gleich – hier … mmh … ja, Abstellräume sind auf der dritten, fünften und siebten Etage.
Herr Pieper: Die reinigen wir normalerweise zweimal monatlich. Passt das?
Frau Michels: Zweimal monatlich, ja, das ist gut.
Herr Pieper: Gut, ich sende Ihnen dann ein Angebot zu.
Frau Michels: Ja, gut. Vielen Dank. Ich melde mich dann.
Herr Pieper: Gut. Auf Wiederhören.
Frau Michels: Auf Wiederhören.

▶ 3 | 42 *Mehmet Atalay:* Mehmet Atalay, Leitung Haustechnik. Ich bin im Moment leider nicht erreichbar. Bitte hinterlassen Sie eine Nachricht.
Haustechniker: Ja, hallo Chef. Ich bin heute Morgen um 9:00 Uhr als Erstes im Autohaus Neumann gewesen. Das defekte Garagentor – die Automatik konnte ich leider nicht mehr reparieren. Ich habe die Herstellerfirma angerufen und für das Garagentor einen neuen Motor bestellt. Sie wollen ihn nächste Woche liefern. Ach ja, die Außenbeleuchtung in der Herthastraße: Die Leuchte wechsle ich morgen aus. Da bin ich sowieso zur Kontrolle da. So muss ich da nicht zweimal hinfahren. Als Nächstes fahre ich zum Europa-Center. Dort habe ich um 11:00 Uhr einen Wartungstermin. Ich hoffe, dass er nicht so lange dauert. Dann geht es – Moment habe ich nichts vergessen? – Nein, das stimmt: Zum Schluss geht es zur Firma Reiss Pharma. Die Klimaanlage habe ich erst vor einem Monat gewartet. Mit dem Hausmeister habe ich schon telefoniert. Ich bin um 14:00 Uhr mit ihm verabredet. Ich will ihm die Klimaanlage noch einmal erklären. Denn das ist sicher nur ein Fehler in der Bedienung. Ich komme danach noch mal kurz ins Büro – so gegen halb fünf wahrscheinlich. Bis später.

Lektion 16

▶ 3 | 47 *Rezeptionistin:* Hotel Königin Hamburg. Evelyn Meier, guten Tag. Was kann ich für Sie tun?
Anton Reinhardt: Grüß Gott, hier ist Anton Reinhardt. Meine Firma hat für mich bei Ihnen ein Zimmer reserviert. In der Buchungsbestätigung steht aber ein falsches Anreisedatum und das falsche Zimmer. Können Sie das bitte ändern?
Rezeptionistin: Oh, natürlich. Wie ist denn Ihre Buchungsnummer?
Anton Reinhardt: Moment. Wo steht die Nummer?
Rezeptionistin: Ähm, die steht im Betreff.
Anton Reinhardt: Ah, ich habe sie: 459677.
Rezeptionistin: Danke. Ach ja, da habe ich Sie. Anton Reinhardt, ein Doppelzimmer vom 15. bis 20. November.
Anton Reinhardt: Ja, und das ist falsch. Ich reise erst am 16.11. an, und außerdem habe ich ein Einzelzimmer gebucht.
Rezeptionistin: Oh, Entschuldigung. Das tut uns sehr leid. Ähm, ja, wir hatten ein Server-Problem. Na ja, und jetzt sind leider mehrere Buchungen falsch. Also ein Einzelzimmer vom 16. bis 20. November, richtig?
Anton Reinhardt: Ja, genau.
Rezeptionistin: Oh je, vom 16. bis 20. 11. ist kein Einzelzimmer mehr frei. Es gibt nur noch Doppelzimmer.
Anton Reinhardt: Ich brauche aber kein Doppelzimmer!
Rezeptionistin: Sie bekommen das Doppelzimmer natürlich zum Preis von einem Einzelzimmer. Das war ja unser Fehler.
Anton Reinhardt: O. k., gut, vielen Dank!
Rezeptionistin: Gut, dann senden wir Ihnen gleich eine korrigierte Bestätigung von der Zimmerreservierung. Soll die Mail an Ihre Adresse bei der Dimmsch-Company gehen?
Anton Reinhardt: Ja, gern.
Rezeptionistin: Gut, das mache ich. Kann ich sonst noch etwas für Sie tun?
Anton Reinhardt: Nein, danke, auf Wiederhören.
Rezeptionistin: Auf Wiederhören.

▶ 3 | 48 *Sprecherin:* Durchsage 1
Durchsage: Achtung, bitte! Wir bitten Fluggast Anton Reinhardt, gebucht auf den Flug CH346 nach Hamburg, umgehend zum Flugsteig B15. Das Gate schließt in zwei Minuten. Achtung, bitte. Wir bitten Fluggast Anton Reinhardt, gebucht auf den Flug CH346 nach Hamburg, umgehend zum Flugsteig B15.

▶ 3 | 49 *Sprecherin:* Durchsage 2
Kapitän: Liebe Fluggäste, hier spricht Ihr Kapitän, Florian Limbert. Ich fliege Sie heute zusammen mit meiner Co-Pilotin, Eva Schulz, von Wien nach Hamburg. Wir beide heißen Sie ganz herzlich bei uns an Bord willkommen. Wir hoffen, Sie haben einen angenehmen Flug. Unsere Flugzeit beträgt eine Stunde und 35 Minuten. Ich melde mich später noch einmal aus dem Cockpit mit aktuellen Wetterdaten.

▶ 3 | 50 *Sprecherin:* Durchsage 3
Kapitän: Liebe Fluggäste, hier spricht noch mal der Kapitän. Wir befinden uns gerade über Hannover. Wir landen pünktlich in Hamburg. Das Wetter ist sehr gut: Die Sonne scheint, die Temperatur beträgt 11 Grad. Die Wettervorhersage sagt, morgen bleibt es weiter so schön, aber dann kommt der Regen.

▶ 3 | 51 *Rezeptionistin:* Guten Tag.
Anton Reinhardt: Guten Tag. Mein Name ist Reinhardt. Ich habe ein Zimmer reserviert.
Rezeptionistin: Ah, guten Tag. Wie war noch mal Ihr Name?
Anton Reinhardt: Reinhardt, Anton Reinhardt.
Rezeptionistin: Moment, ich schaue kurz nach. Ja, hier ist Ihre Buchung, Zimmer 42. Ähm, und hier ist Ihre Schließkarte. Stecken Sie die Karte an der Zimmertür kurz ein, dann geht die Tür auf. Im Zimmer müssen Sie dann die Karte direkt vorne neben der Tür in ein kleines Gerät stecken, dann geht das Licht im Zimmer an.
Anton Reinhardt: Hervorragend, danke. Können Sie mir sagen, ob ich im Zimmer WLAN habe?
Rezeptionistin: Gut, dass Sie fragen. Im Moment haben wir nur im Bereich der Rezeption Internet. Der Router ist defekt. Morgen früh aber funktioniert der WLAN-Empfang im Zimmer bestimmt wieder.
Anton Reinhardt: Oh, das ist schlecht. Denn ich wollte nachsehen, welche Sehenswürdigkeiten ich in Hamburg besichtigen kann.
Rezeptionistin: Da brauchen Sie doch kein Internet! Wir haben hier viele Informationsblätter. Sehen Sie mal hier!
Anton Reinhardt: Oh, sehr gut! Können Sie mir raten, was ich auf jeden Fall anschauen soll?
Rezeptionistin: Ja. Natürlich den Michel und die Landungsbrücken und überhaupt die Speicherstadt und die neue Hafencity!
Anton Reinhardt: Oh, das klingt sehr interessant.
Rezeptionistin: Ja, das sind sie auch!
Anton Reinhardt: Ähm, ich möchte gern noch wissen, wann es bei Ihnen Frühstück gibt.
Rezeptionistin: Frühstück gibt es jeden Morgen von halb 7:00 bis 10:00 Uhr im Frühstücksraum.
Anton Reinhardt: Und wo ist der Frühstücksraum?
Rezeptionistin: Direkt hier neben der Rezeption ist unser Restaurant, dort ist er.
Anton Reinhardt: Gut, ich danke Ihnen.
Rezeptionistin: Gern geschehen. Ich wünsche Ihnen einen angenehmen Aufenthalt!
Anton Reinhardt: Vielen Dank.

▶ 3 | 52 *Rezeptionistin:* Guten Tag.
Anton Reinhardt: Guten Tag. Ich möchte gern auschecken.
Rezeptionistin: Ja gern, welche Zimmernummer haben Sie?
Anton Reinhardt: 42. Hier ist die Schließkarte.
Rezeptionistin: Danke. Hatten Sie etwas aus der Minibar?
Anton Reinhardt: Ja, zwei Flaschen Orangensaft, ein Wasser und einen Schokoriegel.
Rezeptionistin: Gut, soll ich das mit auf die Rechnung nehmen oder zahlen Sie die Sachen bar?
Anton Reinhardt: Das zahle ich direkt bar. Das Zimmer zahlt meine Firma. Stellen Sie für das Zimmer bitte eine Rechnung aus.
Rezeptionistin: Ja, das mache ich. Ich bekomme dann bitte 5,80 €.
Anton Reinhardt: Hier sind 15 €, 5,80 für die Minibar, der Rest ist für den Service.
Rezeptionistin: Oh, danke schön. Noch kurz zur Rechnung. Sie waren am Dienstag und Mittwoch eine Stunde im Internet und gestern

zwei Stunden. Für den WLAN-Anschluss müssen wir Ihnen also 10 € berechnen, 2,50 € pro Stunde.
Anton Reinhardt: Ja, ich weiß. Schreiben Sie das bitte auch auf die Rechnung für die Firma.
Rezeptionistin: Gut, und was ist mit dem Frühstück? Soll das Frühstück auch mit auf die Rechnung?
Anton Reinhardt: Ja, das zahlt auch die Firma.

▶ 3 | 53 *Anton Reinhardt:* Ähm, zum Frühstück muss ich noch was sagen.
Rezeptionistin: Oh, was war denn mit dem Frühstück?
Anton Reinhardt: Nun, der Kaffee war nicht heiß und die Eier waren zu hart.
Rezeptionistin: Oh, das tut mir sehr leid. Bitte entschuldigen Sie das. Wir waren komplett ausgebucht und einige Kollegen waren krank. Ich sage dem Hotelmanager, dass Sie unzufrieden waren.
Anton Reinhardt: Ja, bitte machen Sie das. Und sagen Sie dem Hotelmanager bitte auch, dass es Probleme mit dem warmen Wasser gibt. Es hat jeden Morgen sehr lange gedauert, bis das Duschwasser warm wurde.
Rezeptionistin: Oh, Entschuldigung. Das darf natürlich nicht sein. Ich informiere den Hotelmanager sofort. Ja, und als Entschuldigung biete ich Ihnen an, dass wir die WLAN-Gebühren übernehmen und Ihrer Firma nicht in Rechnung stellen.
Anton Reinhardt: Oh, das ist ein guter Vorschlag. Vielen Dank! Sonst kann ich Ihr Hotel nur weiterempfehlen. Die Lage ist schön. Die Zimmer sind sehr gut ausgestattet. Ich komme gern wieder!
Rezeptionistin: Das freut mich. Die Rechnung ist auch fertig. Nehmen Sie sie mit oder sollen wir sie an Ihre Firma schicken?
Anton Reinhardt: Schicken Sie die Rechnung bitte an die Firma.
Rezeptionistin: Gut, das machen wir. Ich wünsche Ihnen eine gute Reise!
Anton Reinhardt: Danke schön! Auf Wiedersehen.
Rezeptionistin: Auf Wiedersehen.

Lektion 17

▶ 3 | 55 *Sprecherin:* Gespräch – Teil 1
Frau Fuller: Schön, dass Sie heute hier sind, Herr Pilner!
Herr Pilner: Danke, Frau Fuller. Ich freue mich, dass ich Ihnen unser Produktangebot präsentieren darf. Sie sagten ja, Sie haben ein neues Logo bekommen?
Frau Fuller: Ja, sehen Sie hier.
Herr Pilner: Ah, sehr schön, mit einem Zahn. Das passt wirklich gut zu Ihren Kunden, das sind doch meistens Zahnärzte, oder?
Frau Fuller: Ja, Zahnärzte und Zahntechniker.
Herr Pilner: Ah, wenn Sie möchten, können wir alle Artikel mit Ihrem Logo produzieren.
Frau Fuller: Aha, sehr schön.
Herr Pilner: Ich zeige Ihnen hier einige typische Artikel … Also, hier haben wir die Kugelschreiber. Sehen Sie, der hier ist einfach und preiswert, er kostet 30 Cent. Aber hier haben wir auch besonders gute Kugelschreiber, zum Beispiel den hier für 1,10 €.
Herr Kühn: Kugelschreiber brauchen wir natürlich, ja.
Frau Gruner: Und was haben Sie da – aha, Lineale. Hm, ein bisschen langweilig, oder?
Frau Fuller: Hm.
Herr Pilner: Und hier, schauen Sie, – sehr praktisch sind Haftnotizen. Hier ist auch viel Platz für Ihr Logo.
Frau Fuller: Ah ja, gut. Ich sehe, es gibt große und kleine? – Ähm, und was gibt es noch?
Herr Pilner: Also, hier haben wir noch ein Schlüsselband – das ist sehr beliebt bei Konferenzen.
Herr Kühn: Stimmt, aber das haben alle.
Herr Pilner: Na, gut. Was haben wir denn noch? Sehen Sie hier – ein Schlüsselanhänger.

Herr Kühn: Ja.
Frau Gruner: Ah, gut.
Herr Pilner: Die normale Form hier kostet 49 Cent. Wir können aber auch andere Formen produzieren. Witzige Schlüsselanhänger sind eigentlich bei allen Kunden sehr beliebt.
Herr Kühn: Ja, das ist keine schlechte Idee!
Frau Fuller: Ja, stimmt.
Frau Gruner: Hm, ja.

▶ 3 | 56 *Sprecherin:* Gespräch – Teil 2
Herr Pilner: Hier haben wir ein ganz neues Angebot: Zubehör für das Smartphone. Besonders für junge Kunden ist das interessant.
Herr Kühn: Na ja, so jung sind unsere Kunden meistens nicht mehr.
Frau Gruner: Aber ein Smartphone haben heute doch fast alle. Herr Pilner, zeigen Sie doch bitte mal, was gibt es da?
Herr Pilner: Also hier…, sehen Sie, das ist ein sehr beliebtes Produkt, ein Bildschirmreiniger für Smartphones.
Frau Gruner: So etwas gibt es?
Herr Pilner: Jaja. Das ist ein netter, praktischer Artikel: Auf die Seite oben kommt das Logo, mit der Seite kann man das Display reinigen – da, sehen Sie! Und mit der Seite unten haftet der Bildschirmreiniger auf dem Smartphone, so kann man ihn nicht verlieren. Die Kunden verwenden ihn gern und sehen dann natürlich immer Ihr Logo. Na, ja, und er kostet nur 35 Cent.
Frau Fuller: Aha. 35 Cent, sagen Sie?
Herr Pilner: Ja, 35 Cent für das Stück – das ist sehr preiswert. Das ist natürlich toll, wenn Sie große Stückzahlen brauchen. Und wenn Sie viele Bildschirmreiniger bestellen, gibt es außerdem noch Mengenrabatt. Das ist natürlich bei allen Artikeln so.
Frau Fuller: Aha, sehr interessant.
Herr Pilner: Ja. Das hier ist die normale Form, Sie können aber auch von diesem Artikel Sonderformen bestellen. Das kostet natürlich mehr.
Herr Kühn: Sonderformen? – Was zum Beispiel?
Herr Pilner: Na ja, beim Bildschirmreiniger und, wie ich schon sagte, auch beim Schlüsselanhänger sind viele Formen möglich. Es gibt zum Beispiel Kunden, die haben Schlüsselanhänger in Form von einer Sonne oder einem Auto. Die Form muss natürlich zu Ihrer Firma und dem Logo passen.
Frau Fuller: Hmhm, das ist vielleicht interessant für uns.
Herr Kühn: Hmhm.
Frau Gruner: Hm, ja.

▶ 4 | 1 *Sprecherin:* Hörtexte zum Kursbuch
Sprecherin: Besprechung – Teil 1
Frau Fuller: Ähm ja, Sie haben ja in meiner Mail gelesen: Wir müssen schnell eine Bestellung machen. Sie haben den Katalog, Frau Gruner?
Frau Gruner: Ja, also, was war das alles: die Kugelschreiber, die Lineale, und dann waren da noch die Schlüsselanhänger, die … – ah ja hier – die Haftnotizen und hier noch die Kalender, die USB-Sticks und die Kaffeebecher … ach ja, und der Bildschirmreiniger.
Herr Kühn: Also Kugelschreiber, klar, die brauchen wir natürlich in großer Menge.
Frau Gruner: Ja, klar. Hm. Ich finde den weißen Kugelschreiber gut. Er ist preiswert und hat eine schöne Form.
Herr Kühn: Wirklich? Ich finde den blauen genauso schön wie den weißen.
Frau Gruner: Aber der weiße ist nicht so teuer wie der blaue. Das ist ein Unterschied von 80 Cent.
Herr Kühn: Ähm, stimmt. Und wie finden Sie den grünen Kugelschreiber hier? Der ist genauso billig wie der weiße. Aber grün sieht man nicht so oft.
Frau Gruner: Hm, aber grün passt nicht zu unserem Logo.

Transkriptionen zum Kursbuch

Frau Fuller: Ähm, sprechen wir doch zuerst über die anderen Werbeartikel und entscheiden am Ende, welchen Kugelschreiber wir nehmen.
Herr Kühn: Ja, o. k. Ähm, also, ich denke, wir brauchen noch einen praktischen und einen witzigen Artikel.
Frau Gruner: Na ja, ein Lineal – ein Lineal ist praktisch.
Herr Kühn: Aber es ist nicht so nützlich wie die Haftnotizen.
Frau Fuller: Ja, das Lineal ist nicht so gut.
Frau Gruner: Na ja, und dann gibt es noch den Bildschirmreiniger. Der ist lustig. Aber den braucht man nicht so oft wie Haftnotizen.
Frau Fuller: Ja, das stimmt. Dann nehmen wir die Haftnotizen.
Herr Kühn: Der Mitarbeiter von Promo-Effekt hat ja auch gesagt, dass Schlüsselanhänger in witzigen Formen sehr beliebt sind. Ich denke zum Beispiel an einen Zahn! Was meinen Sie?
Frau Gruner: Ein Schlüsselanhänger in Zahnform – das ist eine schöne Idee! Der passt genauso gut zu unseren Kunden wie zu unserem Logo. Perfekt!
Frau Fuller: Hmm, ein Zahn. Ist das nicht etwas für Kinder?
Frau Gruner: Nein, nein! Das ist toll!
Herr Kühn: Den Zahnärzten gefällt das bestimmt!
Frau Fuller: O. k., also ein Zahn.

▶ 4 | 2 *Sprecherin:* Besprechung – Teil 2
Frau Fuller: Gut, was bestellen wir jetzt also? Der Zahn-Schlüsselanhänger ist nett. Er ist aber auch teurer als ein normaler Anhänger.
Herr Kühn: Ja, der Zahn-Schlüsselanhänger ist von allen Artikeln am teuersten.
Frau Gruner: Aber wir haben ja auch noch die Haftnotizen. Die sind viel billiger.
Herr Kühn: Nehmen wir die kleinen Haftnotizen? Die sind als Giveaway besser als die großen.
Frau Fuller: Ja. Wenn wir schon einen teuren Artikel bestellen, können wir nicht auch noch einen teuren Kugelschreiber nehmen. Also nicht den blauen, Herr Kühn.
Herr Kühn: Schade. Ich finde ihn wirklich schöner als die anderen.
Frau Fuller: Schön, aber teuer. Das ist ja leider oft so.
Frau Gruner: So, dann haben wir jetzt den Schlüsselanhänger, die Haftnotizen und den weißen Kugelschreiber. Das ist genug, oder?
Herr Kühn: Den Zahn-Schlüsselanhänger finde ich am besten. Ich sage Ihnen: Dieses Give-away ist bei der Messe bestimmt am beliebtesten.
Frau Gruner: Ja, das denke ich auch. Dann müssen wir noch die Stückzahl entscheiden. Von den Kugelschreibern brauchen wir am meisten. Wenn man mehr als tausend Stück bestellt, kosten sie weniger.
Frau Fuller: Wir haben einige Messen in diesem und im nächsten Jahr. Also 4.000. Aber bei den anderen Artikeln sind 1.000 genug, denke ich.
Frau Gruner: Gut, 1.000. – Ich schreibe jetzt auch gleich die Anfrage.
Frau Fuller: Prima! Danke, Frau Gruner.

▶ 4 | 3 *Frau Fuller:* Haffner Dentalmedizin, Fuller. Guten Tag.
Herr Scholz: Hallo, hier Uwe Scholz, Personalabteilung.
Frau Fuller: Ach, hallo Uwe.
Herr Scholz: Heike, warum ich anrufe: Du weißt ja schon, dass wir zu der Recruitingmesse gehen. Da nehmen wir ja auch Werbeartikel mit. Du hast gesagt, dass ihr neue Artikel bestellt. Dürfte ich wissen, ob ihr schon eine Entscheidung getroffen habt?
Frau Fuller: Ja, wir haben neue Kugelschreiber, Haftnotizen und witzige Schlüsselanhänger.
Herr Scholz: Schlüsselanhänger? Wie sind die denn?
Frau Fuller: Es sind Schlüsselanhänger in Zahnform. Das passt gut zu unseren Produkten und zu den Kunden.
Herr Scholz: Hm, o. k. Aber was denkst du: Passt das auch für Studenten? Weißt du, es sollen ganz beliebte Artikel sein – für junge Leute.

Frau Fuller: Für junge Leute? Hm, also, die Firma hat auch nettes Zubehör für Smartphones, zum Beispiel einen Bildschirmreiniger. Wie findest du das?
Herr Scholz: Ja, das ist genau richtig!
Frau Fuller: Man kann da vielleicht auch eine Zahnform bekommen.
Herr Scholz: Ein Bildschirmreiniger in Zahnform? Das ist sehr gut, das haben andere Firmen nicht! Könntest du den zusätzlich für uns bestellen, wärst du so nett?
Frau Fuller: Hmm, das ist natürlich auch eine Geldfrage, aber ich denke, wir können das machen. Wir haben die Anfrage leider schon abgeschickt. Aber das können wir bestimmt noch korrigieren. Welche Stückzahl würdest du denn vorschlagen?
Herr Scholz: Hm, ich denke, wir brauchen 500 Stück.
Frau Fuller: Gut, ich kümmere mich um die Bildschirmreiniger.
Herr Scholz: Prima, danke.

▶ 4 | 4 *Frau Fuller:* Gut, jetzt haben wir alles: Das Angebot und die Muster sind da.
Herr Kühn: Ja, der Preis für die Kugelschreiber ist o. k. Aber wenn wir nicht 4.000, sondern 5.000 nehmen, ist es sogar noch billiger. Was denken Sie? Dann müssen wir auch nicht so bald wieder neue kaufen.
Frau Fuller: Ja, gut, also 5.000 Stück. Dazu 1.000 Haftnotizen.
Herr Kühn: Hmm, ich finde 1.000 Stück zu wenig. Besser 2.000. Denn Haftnotizen sind sehr beliebt.
Frau Gruner: Ja, das denke ich auch.
Frau Fuller: Gut, dann 2.000 Haftnotizen. Jetzt zu den Mustern.
Frau Gruner: Also, der Zahn-Schlüsselanhänger ist wirklich toll!
Frau Fuller: Ja, aber er ist relativ teuer. Sollen wir 1.000 oder nur 500 nehmen?
Herr Kühn: Besser nur 500. Ich denke, wir müssen den Artikel zuerst testen. Wir wissen noch nicht, ob er wirklich beliebt ist.
Frau Fuller: O. k., das stimmt. Dann bestellen wir zuerst nur 500 Stück.
Frau Gruner: Und das ist also der Bildschirmreiniger?
Frau Fuller: Oh nein, was ist das denn? Das ist doch kein Zahn?
Herr Kühn: Das ist wirklich keine gute Form. Man denkt, es ist eine Hose.
Frau Fuller: Nein, das geht nicht. Schade, wir wollten einen modernen Artikel.
Frau Gruner: Aber – wir könnten einfach den normalen Bildschirmreiniger nehmen. Der ist auch viel günstiger.
Herr Kühn: Und die Lieferzeit ist viel kürzer! Die Recruitingmesse ist ja schon im Februar.
Frau Fuller: Gut. Die Personalabteilung bekommt für die Studenten den normalen Displayreiniger mit unserem Logo. 500 Stück. Das ist auch nicht schlecht.
Frau Gruner: Alles ist besser als die „Hose"!
Frau Fuller: Allerdings.

Lektion 18

▶ 4 | 10 *Sprecherin:* Telefongespräch – Teil 1
Herr Renz: Mertens AG, Großhandel für Berufsbekleidung. Guten Tag. Michael Renz am Apparat. Was kann ich für Sie tun?
Frau Noll: Guten Tag. Hier Evelyn Noll von „Krüger-Berufsbekleidung". Ich möchte gern eine eilige Bestellung machen.
Herr Renz: Da sind Sie bei mir genau richtig. Wie ist denn Ihre Kundennummer, bitte?
Frau Noll: Ähm. KB 530-4078.
Herr Renz: O. k. Hier habe ich Sie. Krüger-Berufsbekleidung, Glückstadt, Ansprechpartnerin Frau Noll. Das sind Sie, ja?
Frau Noll: Genau. Ähm, es ist eine Einzelbestellung für einen Handwerker, also einen Mitarbeiter von einem sehr guten Kunden von uns.
Herr Renz: O. k. Also, was möchten Sie denn bestellen?

Transkriptionen zum Kursbuch

Frau Noll: Eine Berufsjacke 01 in Größe 52 in der Farbkombination braun-beige und eine Bundhose 01B auch in 52, auch in der Farbkombination braun-beige. Aber …
Herr Renz: Einen Moment, ich gebe das gleich ein. Eine Berufsjacke, 01, Größe 52 und eine Bundhose 01B, Größe 52 …

▶ 4 | 11 *Sprecherin:* Telefongespräch – Teil 2
Frau Noll: Entschuldigen Sie, ich habe noch eine Frage: Die Jacke hat ja Reißverschluss und Druckknöpfe. Gibt es die Jacke auch mit Reißverschluss und Klettverschluss? Der Mitarbeiter möchte keine Druckknöpfe, denn die gehen leicht kaputt.
Herr Renz: Nein, eine Jacke mit Reißverschluss und Klettverschluss gibt es nicht. Aber ich kann nur sagen: Unsere Druckknöpfe gehen nicht leicht kaputt. Die Jacke hat eine sehr gute Qualität!
Frau Noll: Gut, dann also mit Druckknöpfen. Ähm, Entschuldigung! Ich habe noch eine Frage. Gibt es die Jacke auch mit normalem Kragen?
Herr Renz: Ja, das gibt's. Das ist aber die Berufsjacke 02. Also ich korrigiere das.
Frau Noll: Gut. Ähm. Ja, und dann noch etwas: Gibt es die Jacke auch mit Handytasche am Ärmel? Der Mitarbeiter möchte keine Stiftetasche.
Herr Renz: Ja, das gibt es auch. Das ist dann aber unsere Berufsjacke 03. Ich wiederhole jetzt: Eine Berufsjacke 03 mit normalem Kragen. Die Jacke schließt mit Reißverschluss und Druckknöpfen und am Ärmel ist eine Handytasche. Farbkombination: braun-beige. Ist das so richtig?
Frau Noll: Ja, genau.
Herr Renz: O. k. Das habe ich. Jetzt noch die Bundhose.
Frau Noll: Ja. Die Bundhose 01B, auch in Größe 52, aber auch mit etwas anderer Ausstattung. Also … der Mitarbeiter möchte keine Knietasche. Geht das?
Herr Renz: Ja, das geht. Aber die Zollstocktasche bleibt, oder?
Frau Noll: Ja, ja. Die Zollstocktasche braucht er.
Herr Renz: O. k. Alles klar. Das ist dann die Bundhose 01C. Noch etwas?
Frau Noll: Nein, das ist alles.
Herr Renz: Gut, dann gebe ich das kurz ein: Bundhose 01C, Größe 52, keine Knietasche.
Frau Noll: Prima. Wann können wir denn die Sachen bekommen? Es ist eilig.
Herr Renz: Wir können sie gleich morgen rausschicken. Dann haben Sie sie übermorgen.
Frau Noll: Wunderbar! Vielen Dank. Und auf Wiederhören!
Herr Renz: Auf Wiederhören!

▶ 4 | 12 *Herr Renz:* Mertens AG, Großhandel für Berufsbekleidung. Guten Tag. Michael Renz am Apparat. Was kann ich für Sie tun?
Frau Noll: Hallo, Herr Renz. Hier noch mal Frau Noll von Krüger-Berufsbekleidung. Haben Sie meine schriftliche Bestellung von heute Morgen bekommen?
Herr Renz: Ja, hab' ich. Bestellschein 563. Ich bearbeite die Bestellung gerade.
Frau Noll: Oh, da habe ich ja Glück. Ich habe einige kleine Änderungen. Können Sie das noch korrigieren?
Herr Renz: Ja, natürlich. Welche Änderungen haben Sie denn?
Frau Noll: Also, bei den Damen-T-Shirts möchten wir das Firmen-Logo am linken Ärmel.
Herr Renz: Also nicht am rechten Ärmel, sondern am linken. Hab' ich korrigiert. Weiter?
Frau Noll: Ähm. Bei den Herren-Kitteln ergänzen Sie bitte die Farbe. Wir möchten Sie in Grau.
Herr Renz: O. k. Kittel – Herren, grau. Hab' ich ergänzt.
Frau Noll: Bei den Overalls – bitte die Menge korrigieren: Nicht je drei, sondern je sechs.
Herr Renz: Moment: Overall, unisex, blau, Größen M, L, XL, je sechs mit Firmenlogo auf der Brusttasche.
Frau Noll: Perfekt! Und nun die letzte Änderung: von den Schutzschuhen nur je drei Paar, bitte.
Herr Renz: O. k., von den Schutzschuhen nicht sechs, sondern nur drei Paar.
Frau Noll: Richtig. Ähm, und entschuldigen Sie bitte die Mühe.
Herr Renz: Keine Ursache. Es war ja noch nicht zu spät.
Frau Noll: Ja, Gott sei Dank! Bis zum nächsten Mal dann.
Herr Renz: Ja, bis zum nächsten Mal und vielen Dank für die Bestellung.

▶ 4 | 13 *Sprecherin:* Gespräch – Teil 1
Kundin: Guten Tag. Können Sie mir bitte helfen?
Verkäuferin: Sehr gerne. Was kann ich für Sie tun?
Kundin: Ich bin medizinische Fachkraft und brauche eine komplett neue Ausstattung. Ich bin jetzt in einer großen Praxis, die bei Ihnen Kunde ist. Dort tragen alle Kleidung von Ihnen.
Verkäuferin: Aha, darf ich fragen, welche Praxis das ist?
Kundin: Die Internisten Ehler & Göller.
Verkäuferin: Ah ja. Die sind schon lange unsere Kunden. Also, was möchten Sie denn?
Kundin: Ähm, im Schaufenster habe ich eine Puppe mit medizinischer Kleidung gesehen, die mir sehr gut gefällt.
Verkäuferin: Welche Puppe meinen Sie?
Kundin: Die mit dem weißen Arztmantel. Der ist länger, das gefällt mir gut. Und die Hose finde ich auch gut, sie sieht modern aus. Ähm. Das hellrote T-Shirt von der anderen Puppe und die Clogs in der gleichen Farbe, finde ich auch sehr schön. Kann ich das alles mal anprobieren?
Verkäuferin: Natürlich. Welche Kleidergröße tragen Sie?
Kundin: Größe 42. Und Schuhgröße 43.
Verkäuferin: 43?
Kundin: Ja, 43. Ich hab' leider sehr große Füße.
Verkäuferin: Das sollten Sie nicht sagen. Sie sind ja auch groß, das passt doch perfekt.
Kundin: Oh, danke! Ach, da ist ja noch die Haube – die habe ich vergessen. Die sollte ich auch noch anprobieren.
Verkäuferin: Kein Problem. Einen Moment, bitte. Ich hole die Sachen. Sie können ja schon zur Umkleidekabine gehen. Die Kabinen sind dort rechts.

▶ 4 | 14 *Sprecherin:* Gespräch – Teil 2
Kundin: Hallo. Können Sie mir kurz helfen?
Verkäuferin: Gerne.
Kundin: Schauen Sie mal. Ich finde, der Mantel passt nicht richtig – er ist zu weit. Was meinen Sie?
Verkäuferin: Ja, er ist etwas weit. Sie sollten ihn in Größe 40 probieren.
Kundin: Mmh. Und die Hose passt auch nicht, die ist viel zu kurz. Das halbe Bein guckt raus.
Verkäuferin: Hm, dann probieren Sie die Hose mal in Extralang an. Hier – ich habe sie gleich mitgebracht.
Kundin: Oh, prima!
Verkäuferin: Einen Moment bitte. Ich hole den Mantel. Hier der Mantel in Größe 40.
Kundin: Danke! Ähm, und wie finden Sie das T-Shirt? Ist es nicht etwas zu eng?
Verkäuferin: Nein, finde ich nicht. Das passt doch sehr gut.
Kundin: Aber wenn es beim Waschen einläuft? Dann ist es bestimmt zu klein.
Verkäuferin: Sie brauchen keine Angst zu haben. Unsere Sachen laufen nicht ein – sie sind für Industriewäsche geeignet – und sie färben auch nicht!

Kundin: O. k. Wenn Sie das sagen. So, jetzt noch die Clogs. Die sind leider zu klein.
Verkäuferin: Schade, das ist Größe 42½. 43 haben wir leider nicht mehr da, aber ich kann sie bestellen.
Kundin: Könnten Sie nicht noch mal im Lager nachschauen?
Verkäuferin: Nein, da brauche ich nicht nachzuschauen. Ich habe schon gesehen, dass es sie nicht in 43 gibt. Aber ich dachte, vielleicht passt auch 42 ½. Tut mir leid.
Kundin: Macht nichts! Dann bestellen Sie sie doch bitte in 43. Oder … Haben Sie die Clogs in Weiß in meiner Größe? Wenn es sie in Weiß gibt, dann brauchen Sie sie nicht in Hellrot zu bestellen.
Verkäuferin: Ja, in Weiß haben wir sie in Ihrer Größe. Ich hole sie schnell.
Kundin: Prima! Wenn sie passen, nehme ich sie in Weiß. Das ist vielleicht auch besser! So, und jetzt noch den Mantel probieren …

▶ 4 | 15 *Sprecherin:* Gespräch – Teil 1
Kundin: Guten Tag. Ich habe diese Sachen hier, die gehen auf Lieferschein, hat Ihre Kollegin gesagt. Was heißt das denn?
Kassierer: Das heißt, wir geben die Ware ein und drucken den Lieferschein aus. Sie unterschreiben ihn, Sie und wir behalten eine Kopie und das Original geht an die Firma. Die Firma bezahlt dann die Ware.
Kundin: Ach so! Stimmt. Meine Kolleginnen haben mir das auch schon mal erklärt.
Kassierer: O. k. Dann ist es ja klar. Also Lieferschein 478. Welche Firma ist das?
Kundin: Das ist die Arztpraxis „Internisten Ehler & Göller".
Kassierer: Ah ja. Hier haben wir Sie: Internisten Ehler & Göller, Kunden-Nummer 0104. Und Ihr Name ist?
Kundin: Christine Raue.
Kassierer: Kundin: Christine Raue. So! Was haben wir denn alles?

▶ 4 | 16 *Sprecherin:* Gespräch – Teil 2
Kassierer: Was haben wir denn alles?
Kundin: Hier die drei Arztmäntel. Oh je, ich habe gar nicht gefragt, was die kosten.
Kassierer: Die kosten 55,95 € das Stück, inklusive Mehrwertsteuer.
Kundin: O. k. Nicht so billig!
Kassierer: Aber sehr gute Qualität! Also, Arztmäntel, drei Stück, Größe 40, Artikelnummer 25117, das Stück zu 55,95. Gesamt 167,85 €. Die Clogs da auch?
Kundin: Ja, die auch. Hier, bitte.
Kassierer: Ein Paar Clogs, weiß, Größe 43, Artikelnummer 12568, 39,85 €, gesamt 39,85 €.
Kundin: Die sind ja preiswert!
Kassierer: Ja, das stimmt. Das ist ja auch ein Angebot. Ähm, und jetzt haben wir noch die weißen Hosen. Aha, drei Stück, Größe 42, extra lang, Artikelnummer 35189, zum Preis von 69,80 pro Hose, gesamt 209,40 €.
Kundin: 209,40 €! Die Hosen sind aber teuer!
Kassierer: Die sind ja auch extra lang. Hosen mit normaler Beinlänge sind preiswerter.
Kundin: Ja, so ist das leider! Ähm, jetzt nur noch die T-Shirts.
Kassierer: Ja. T-Shirts, zwei Stück, Größe 42, Artikelnummer 01745, 29,95 pro Stück, Gesamt 59,90 €. Ist das jetzt alles?
Kundin: Oh, Entschuldigung! Ich habe noch etwas vergessen. Ich brauche noch weiße Socken. Ich hole sie schnell. Ich bin sofort wieder da.

Lektion 19

▶ 4 | 19 *Sprecherin:* Gespräch 1
Jakob Lehner: Ah, Guten Tag, Frau Bär! Machen Sie sich einen Kaffee?
Sandra Bär: Hallo, Herr Lehner! Ja, möchten Sie auch eine Tasse?
Jakob Lehner: Das ist nett, Frau Bär, gerne. Haben Sie sich schon für eine Schulung angemeldet?
Sandra Bär: Sie meinen die Computerschulungen von der Firma Data?
Jakob Lehner: Ja, genau.
Sandra Bär: Nein, noch nicht, aber ich mache ganz sicher die Schulung zur Datensicherheit und Datensicherung. Wir von der Buchhaltung arbeiten oft von zu Hause und schicken die Daten übers Internet. Ich bin nur einen Tag in der Woche in der Firma, da ist das Thema superwichtig für mich.
Jakob Lehner: Der Inhalt von Schulung zwei hört sich auch interessant an.
Sandra Bär: Ja, aber Ordner und Dateien erstellen, das ist kein Problem für mich. Und die Suchfunktionen und Ordnerstrukturen und das alles habe ich schon in der Schule gelernt. Das brauche ich nicht.

▶ 4 | 20 *Sprecherin:* Gespräch 2
Katja Ruge: Lager-Logistik, Katja Ruge am Apparat?
Daniela Gerner: Katja, hier ist Daniela, aus der Werbung. Ist bei euch alles o. k.?
Katja Ruge: Ah, hallo Daniela, ja, danke. Ähm, wir sprechen gerade über die Computerschulungen. Wir möchten uns anmelden.
Daniela Gerner: Deshalb rufe ich an: Wir von der Werbung wollen die Schulungen zusammen machen. Kommst du mit?
Katja Ruge: Hmm, alle zusammen? Und ich mit der Werbung? Klar, ich komme mit, aber ich möchte nur die Schulung zwei machen. Mehr schaffe ich im Moment nicht!
Daniela Gerner: Wie bitte? Du arbeitest im Lager und Datensicherheit interessiert dich nicht? Das geht doch nicht.
Katja Ruge: Ja, aber das brauche ich nicht, ich arbeite hier im Lager nur wenig am Computer. Aber so allgemeine Sachen mache ich manchmal schon, also die Organisation des Desktops, die Suchfunktionen, ein Dokument wiederfinden, das kann ich nicht so gut … und von der Schulung kann ich auch privat profitieren.
Daniela Gerner: Stimmt, du bist ein bisschen unordentlich.
Katja Ruge: Nee, im Ernst, ich bin nicht fit in EDV, und lernen, wie man auf dem Desktop aufräumt und Ordner logisch strukturiert, das kann ich gut gebrauchen.
Daniela Gerner: O. k., dann sehen wir uns da. Bis dann!

▶ 4 | 21 *Sprecherin:* Gespräch 3
Ansgar Jäger: Hallo, Daniela, machst du auch eine Schulung?
Daniela Gerner: Ach, hallo Ansgar, ja, klar, ich überlege noch. Und du?
Ansgar Jäger: Du weißt ja, im Außendienst ist man viel unterwegs, ich mache so viele Dienstreisen, ich arbeite so oft im Hotel und auf Flughäfen. Na ja, und da verschicke ich auch oft wichtige E-Mails an die Firma oder an Geschäftspartner. Ähm, und ich weiß nicht, wie ich prüfen kann, ob das Netz sicher ist. Und dann, ich darf dir das eigentlich gar nicht erzählen, ich hab' neulich wichtige Daten verloren, meine Notizen zu Geschäftsgesprächen.
Daniela Gerner: Oh je, wie schrecklich.
Ansgar Jäger: Ja, das war eine Katastrophe. Ich muss unbedingt lernen, wie ich unterwegs auf meinem Notebook ein korrektes Backup machen kann.
Daniela Gerner: Oh ja, das ist wirklich wichtig. …

▶ 4 | 22 *Sprecherin:* Gespräch 4
Katja Ruge: Hallo Bernd, guten Morgen. Hast du dich schon für eine der Computerschulungen angemeldet?
Bernd Dahl: Ja, ich mache beide Schulungen, und du?
Katja Ruge: Du machst beide Schulungen? Warum denn das? Hast du zu viel Freizeit?
Bernd Dahl: Ja, genau! Nee, das bestimmt nicht. Na ja, was soll ich sagen, Datensicherheit ist im Vertrieb total wichtig, weil wir natürlich die Kundendaten schützen müssen, ich weiß da zu wenig. Aber

mich interessiert auch, wie man den Desktop logisch einrichtet, zum Beispiel weiß ich nicht, wie man eine Verknüpfung erstellt.
Katja Ruge: Stimmt, das sollte man schon wissen.

▶ 4 | 23   *Sprecherin:* Schulung – Teil 1
Herr Ott: Guten Morgen, meine Damen und Herren, ich freue mich, dass Sie pünktlich hier sind und wir gleich anfangen können. Sie arbeiten alle schon lange mit Computer und Computerprogrammen. Aber ich denke, Sie haben immer wieder Fragen, oder?
Kursteilnehmer: Ja. Klar.
Herr Ott: Na, dann sind Sie hier richtig. Eine Frage kann zum Beispiel sein: Wie organisiere ich meine Daten sinnvoll? In welchem Ordner speichere ich die offenen Rechnungen? Wie viele Unterordner brauche ich für bezahlte Rechnungen? Und: Wer von Ihnen hat noch nie eine Datei verloren? … Ein ganz wichtiges Thema! Wie kann ich verlorene Dateien wiederfinden? Und: Welche Ordner muss ich behalten, was kann ich löschen?
Wir lernen heute das Aufräumen und Strukturieren. Heute Nachmittag geht es um die Dateiverwaltung. Nach diesem Kurs haben Ihre Ordner und Dateien wieder eine klare Struktur. Und Ihr Computer ist so ordentlich wie Ihr Wohnzimmer zu Hause!
Beginnen wir mit einer kleinen Wiederholung von Grundlagen! Die Tastenkombinationen für Computerbefehle, diese Basics sind wichtig! Sehen Sie jetzt bitte in Ihre Unterlagen.

▶ 4 | 24   *Sprecherin:* Schulung – Teil 2
Herr Ott: In dieser Schulung heute Vormittag wiederholen wir die Tastenkombinationen für Computerbefehle. Mit diesen Tastenkombinationen kann man viel Zeit sparen. Wer kann mir eine Tastenkombination sagen, wer kennt eine? Ja, bitte?
Bernd Dahl: Steuerung Alt Entfernen.
Herr Ott: Ja, sehr gut! Wenn gar nix mehr geht, machen wir das – Taskmanager öffnen, alle Programme beenden! Nächste Frage: Sie haben einen Ordner für den Briefwechsel mit einem neuen Kunden angelegt. Jetzt wollen Sie ihn umbenennen. Wie machen Sie das?
Frau Murr: Ich mache das mit der Maus: Rechtsklick auf den Ordner und dann „Umbenennen" anklicken.
Herr Ott: Ja, das ist richtig, sehr gut. Wir machen das heute mit einem Tastenbefehl. Der heißt F2. Mit diesem Tastenbefehl benennen Sie einen Ordner um. Probieren Sie es doch alle gleich mal. So. Als Nächstes: Sie brauchen eine Datei nicht mehr. Auch das können Sie schnell lösen: Mit der Tastenkombination Steuerung plus D verschieben Sie einen Ordner oder ein Dokument in den Papierkorb.
Katja Ruge: Verschieben, heißt das „löschen"?
Herr Ott: In den Papierkorb verschieben heißt „löschen", ganz genau. Achtung! Wer kennt die Tastenkombination für das Kopieren von Dateien?
Herr Wäger: Steuerung plus C?
Herr Ott: Ganz genau. Sehr gut. Und Ausschneiden? Sie möchten einen Ordner ausschneiden. Wer kennt den Befehl?
Frau Murr: Steuerung X!
Herr Ott: Sehr gut. Steuerung X ist der Befehl für das Ausschneiden einer Datei oder eines Ordners.
Katja Ruge: Steuerung C für Kopieren, wie „copy" und Steuerung X für Ausschneiden, also „ex"!
Herr Ott: Genau. So, das ist noch lange nicht alles. Schauen wir uns jetzt die …
Bernd Dahl: Entschuldigung, wir haben den Befehl für Einfügen vergessen. Der Befehl für Einfügen einer Datei oder eines Ordners ist Steuerung V?
Herr Ott: Steuerung V, ganz genau, sehr gut, danke. Wir sehen uns jetzt noch ein paar wichtige Befehle an. Die Suchfunktion! Sie haben eine Rechnung geschrieben und gespeichert, aber jetzt ist sie weg. Zu diesem Problem kann man viel sagen … Die Lösung dieses Problems: Sie aktivieren die Suchfunktion. Und wie machen Sie das? Drücken Sie F3, mit diesem Befehl öffnet sich das Suchfeld und Sie können die Suche beginnen.

Frau Murr: F3 aktiviert also die Suchfunktion?
Herr Ott: Richtig. Und welche Taste drücken Sie, wenn Sie Hilfe brauchen?
Herr Wäger: F1!
Herr Ott: Jawohl, mit dieser Taste können Sie das Hilfe-Fenster öffnen. Probieren Sie jetzt alles noch einmal selbst. Ich gehe herum und helfe Ihnen, wenn nötig. Danach machen wir eine Kaffeepause.

▶ 4 | 25   *Frau Murr:* Guten Appetit, Herr Wäger, darf ich mich zu Ihnen setzen?
Herr Wäger: Ah, Frau Murr. Ja gern, setzen Sie sich doch.
Frau Murr: Danke. Wie fanden Sie denn die Schulung?
Herr Wäger: Ich fülle gerade den Evaluierungsbogen aus. Ich hatte ja keine großen Erwartungen, hier habe ich geschrieben „Computerkenntnisse verbessern".
Frau Murr: Und? Haben sich Ihre Erwartungen erfüllt?
Herr Wäger: Absolut, klares Ja! Ich war besonders zufrieden, dass wir die Computerbefehle gelernt haben. Für die meisten war das ja eine Wiederholung, aber für mich war das neu. Also: „besonders zufrieden mit Computerbefehlen". „… waren Sie nicht zufrieden?" – Hm, hier schreibe ich nichts hin. Denn ich war mit allem sehr zufrieden und empfehle die Schulung weiter.
Frau Murr: Ja, ich auch. Und der Dozent war auch super.
Herr Wäger: Ja, der Dozent war klasse. Hier kreuze ich „trifft voll zu" an. Genauso die Schulungsunterlagen, ich bin voll und ganz zufrieden. Da kreuze ich auch „trifft voll zu" an. So, hier: „Was hat Ihnen in der Schulung besonders gut gefallen?", „Was hat Ihnen in der Schulung gar nicht gefallen?" Hm, besonders gefallen hat mir, dass wir auch so viel geübt haben.
Frau Murr: Stimmt, das fand ich auch sehr gut.
Herr Wäger: Ähm, ja … „konnten viel üben". Und was hat mir nicht gefallen? Hm, na ja, ich war nachmittags müde, die nächste Schulung möchte ich nur am Vormittag machen. Ach, das kann man ja unten bei Punkt 7 ankreuzen. Und was hat mir sonst nicht gefallen? Ach, das lass ich frei. O. k., was wollen sie noch wissen? „In welcher Abteilung sind Sie beschäftigt?" „Produktion".
Frau Murr: Und? Können Sie Ihre neuen Kenntnisse in der Produktion gebrauchen?
Herr Wäger: Ja ja, das kreuze ich an, klar kann ich das Gelernte beruflich einsetzen, die Produktionslogistik kann man sich ohne Computer nicht vorstellen. „Zu welchem Thema möchten Sie in Zukunft gerne eine Schulung machen?"
Frau Murr: Also ich möchte gerne mein Englisch verbessern.
Herr Wäger: Das brauche ich nicht. Ich will wieder einen Computerkurs machen. Ich muss in unserem Programm zur Lagerverwaltung noch besser werden.

Lektion 20

▶ 4 | 30   *Vera Kliem:* Vera Kliem.
Tim Lohse: Guten Morgen, hier ist Tim Lohse.
Vera Kliem: Guten Morgen, Herr Lohse. Sie wollen mir sicher von der Tagung gestern berichten.
Tim Lohse: Stimmt, woher wissen Sie das schon wieder?
Vera Kliem: Na ja, ich habe gerade den Kalender vor mir.
Tim Lohse: Das ist gut. Denn ich würde Sie gerne heute nach der Skypekonferenz treffen und Ihnen von einer Idee für ein neues Sportkonzept erzählen.
Vera Kliem: Es tut mir leid, aber das müssen wir verschieben. Gerade habe ich die Nachricht bekommen, dass von 14:00 bis 17:00 eine Besprechung mit der Geschäftsleitung ist und vor dem Mittagessen habe ich auch keine Zeit.
Tim Lohse: Ja, dann geht das natürlich nicht. Lassen Sie mich mal selber in den Kalender schauen. Oh, das wird aber eng. Die Sitzung morgen dauert bestimmt den ganzen Tag und an den anderen beiden Tagen sieht es nicht besser aus.

Transkriptionen zum Kursbuch

Vera Kliem: Herr Lohse, ich mache Ihnen einen Vorschlag. Beschreiben Sie mir Ihre Idee doch einfach kurz in einer Mail. Ich kann sie mir bestimmt noch diese Woche ansehen.
Tim Lohse: Ja, gut, das mache ich. Wir sehen uns ja dann am Donnerstag bei den Bewerberinterviews.
Vera Kliem: Ach ja – Donnerstag und Freitag Bewerbungsgespräche, das wird sicher wieder sehr anstrengend.
Tim Lohse: Da haben Sie recht. Bis Donnerstag dann.
Vera Kliem: Ja, bis dahin. Ich wünsche Ihnen was.
Tim Lohse: Danke, ich Ihnen auch. Auf Wiederhören.
Vera Kliem: Auf Wiederhören.

▶ 4 | 31 *Max Rössner:* Guten Morgen, Marie. Hast du vielleicht kurz Zeit?
Marie Klages: Hallo Max, Na klar, komm 'rein.
Max Rössner: Sag mal, hast du schon den Besprechungsraum reserviert?
Marie Klages: Leider noch nicht. Ich habe gerade sehr viel zu tun.
Max Rössner: Na ja, nicht so schlimm! Es hat sich auch noch was geändert.
Marie Klages: Ja? Was denn?
Max Rössner: Zwei Kollegen haben gefragt, ob wir nicht früher beginnen könnten. Die Besprechung ist ja an einem Freitag und da machen sie schon um 15:00 Uhr Schluss.
Marie Klages: Das heißt, wir fangen eine Stunde früher an, stimmt's?
Max Rössner: Genau. Wir haben die Besprechung auf 10:00 Uhr verlegt, damit wir spätestens um 15:00 Uhr fertig sind.
Marie Klages: Gut, dann ändere ich das. Bist du sehr in Eile oder können wir noch kurz gemeinsam das Organisationsformular besprechen?
Max Rössner: Gern, die paar Minuten habe ich noch.
Marie Klages: Danke, das ist nett von dir. Bist du schon im Besprechungsraum 204 gewesen? Was ist denn schon dort?
Max Rössner: Im Raum sind ein Beamer und zwei Flipcharts. Aber Flipchartpapier fehlt. Bitte bestell zwei Rollen, da braucht man immer viel.
Marie Klages: Ja, o.k. Brauchen wir noch ein Notebook für den Beamer?
Max Rössner: Nein, da nehmen wir immer unser eigenes. Aber es fehlt eine Pinnwand. Bitte bestell die. Außerdem brauchen wir noch Stifte und Notizblöcke. Wir haben jetzt acht Zusagen, mit uns und unseren Vorgesetzten sind wir dann 12 Personen. Dann brauchen wir 12 Blöcke und Kugelschreiber. Aber bestell lieber ein paar mehr, also 15 Notizblöcke und Stifte.
Marie Klages: Gut, mach ich. Wie ist es denn mit Markern, Pinnwandkärtchen und so? Steht im Besprechungsraum ein Koffer mit Material?
Max Rössner: Nein, da steht keiner. Hol doch bitte einen aus der Marketingabteilung.
Marie Klages: Ja, mach ich. Kümmerst du dich dann um die Bewirtung?
Max Rössner: Ja klar, das kann ich machen. Wir haben überlegt, dass es belegte Brötchen und Kuchen geben soll. Zu trinken dann das Übliche: Mineralwasser und Kaffee.
Marie Klages: Ja, das ist gut.
Max Rössner: Ich bestelle dann alles noch heute für 12 Personen.
Marie Klages: Ja, gut, dann ist ja alles besprochen. Moment – hier steht noch ein Punkt: „Unterlagen". Das ist doch sicher eure Aufgabe.
Max Rössner: Ja, meine Chefin arbeitet noch an der Tagesordnung. Ich drucke sie vor der Besprechung für alle Teilnehmer noch mal zur Sicherheit aus.
Marie Klages: Prima, dann laufe ich jetzt schnell zur Raumorganisation. Mach's gut. Wir bleiben in Kontakt.
Max Rössner: Ja, das tun wir.

▶ 4 | 32 *Vera Kliem:* Guten Morgen, liebe Kolleginnen und Kollegen. Ich begrüße Sie sehr herzlich zur Besprechung von unserem Projekt „Mittagspause – aktiv". Bei unserer Tagesordnung gibt es eine kleine Änderung. Ich schlage vor, dass wir TOP 5 mit TOP 4 tauschen, damit wir die Einzelheiten gleich in den Arbeitsgruppen besprechen können. Sind Sie einverstanden?
Team: Ja, das ist gut. Natürlich.
Vera Kliem: Schön, dann sieht unser Zeitplan für heute wie folgt aus: Im ersten Teil von 10:00 bis 12:00 behandeln wir die Tagesordnungspunkte eins bis drei. Danach machen wir eine Pause – ungefähr eine halbe Stunde. Wir haben einen kleinen Imbiss vorbereitet. Im zweiten Teil bilden wir die Projektteams und können dann gleich in die konkrete Planung gehen. Für die Arbeit in den Projektteams habe ich 60 Minuten eingeplant. Um ca. 13:45 Uhr treffen wir uns dann wieder im Plenum und sammeln die Ergebnisse. Das ist ein neuer TOP, also TOP 6: Sammlung der Ergebnisse. Ich denke, das dauert 45 Minuten. Am Schluss besprechen wir den Zeitplan und vereinbaren den Termin für unser nächstes Treffen. Das ist TOP 7. Sind Sie mit meinen Vorschlägen einverstanden?
Team: Ja. Selbstverständlich. Das ist gut.
Vera Kliem: Gut, dann machen wir es so. Beginnen wir nun mit der Vorstellungsrunde. Sie kenne mich ja alle. Ich bin Ihre Personalleiterin, Vera Kliem …

▶ 4 | 33 *Tim Lohse:* Vielen Dank für Ihre Aufmerksamkeit.
Vera Kliem: Herr Lohse, ich danke Ihnen für Ihren interessanten Vortrag. Ich eröffne nun die Diskussion. Wer möchte etwas zu dem Projekt sagen? Ja, Frau Reimann?
Ute Reimann: Also, ich gebe Ihnen recht, dass ein Gesundheitsangebot in der Mittagspause gut wäre. Für mich ist aber noch nicht klar, ob unsere Mitarbeiter das neue Angebot auch annehmen.
Michael Wolf: Ja, da stimme ich Ihnen zu, Frau Reimann. Ich sehe da auch ein Problem.
Ute Reimann: Ähm, Moment, Herr Wolff, ich war noch nicht ganz fertig.
Michael Wolf: Oh! Entschuldigen Sie die Unterbrechung.
Vera Kliem: Bitte, Frau Reimann.
Ute Reimann: Ähm, also, ich wollte vorschlagen, dass wir eine interne Umfrage zu dem Thema machen.
Michael Wolf: Ja, an eine Umfrage habe ich auch schon gedacht. Denn wir müssen ja nicht nur wissen, ob die Mitarbeiter ein Gesundheitsangebot wünschen, sondern auch, was sie wollen. Also welche Sportangebote sie gut finden.
Vera Kliem: Das ist ein guter Vorschlag. In TOP 5 und 6 sammeln wir ja Ideen zu Sportangeboten. Die können wir dann in unsere Umfrage einbauen.
Ute Reimann: Ja, das finde ich sehr gut.
Michael Wolf: Mmh, ich auch.
Vera Kliem: Gut, dann machen wir eine Umfrage unter den Mitarbeitern. Max, kannst du das bitte für das Protokoll festhalten?
Max Rössner: Habe ich schon gemacht.

▶ 4 | 34 *Jutta Wenzel:* Da fällt mir gerade etwas ein. Wenn wir die aktive Mittagspause einführen, dann könnte es doch ein besonderes Fitness-Menü in der Kantine geben. Einen leckeren Salat mit einem Gemüsesaft.
Vera Kliem: Das ist eine sehr gute Idee von Ihnen, Frau Wenzel. Sie können ja für das nächste Treffen einmal mit dem Küchenteam sprechen.
Jutta Wenzel: Ja, gerne.
Vera Kliem: Gut. Gibt es weitere Wortmeldungen?
Sylvia Renner: Ja, also, ich würde gerne wissen, wie hoch die Kosten für das Projekt sind. Gibt es da schon Zahlen?
Vera Kliem: Nein, denn wir sind ja noch ganz am Anfang. Aber Frau Klages hat schon ein Angebot für Fitnessgeräte eingeholt. Herr Wolff, können Sie Frau Klages helfen und auch noch Angebote von anderen Fitnessgeräte-Herstellern einholen?

69

Transkriptionen zum Kursbuch

Michael Wolf: Aber sicher, das kann ich gerne machen.
Sylvia Renner: Aber wir brauchen ja auch Trainer für die Kurse. Wie viel kosten die denn?
Tim Lohse: Gut, dass Sie das erwähnen, Frau Renner. Da sind wir schon in Gesprächen mit verschiedenen Trainern. Das Ergebnis kann ich Ihnen bei der nächsten Besprechung vorstellen.
Michael Wolf: Im Prinzip finde ich die „Mittagspause – aktiv" nicht schlecht. Aber die Kosten müssen wir genau berechnen. Denn wir brauchen ja nicht nur Geräte und Personal, sondern auch Räume. Also – einen, in dem die Fitnessgeräte stehen, und mindestens einen für Kurse. Das kostet ja auch etwas.
Vera Kliem: Richtig, aber wie ich schon gesagt habe, bei der Kostenplanung sind wir erst am Anfang. Da wissen wir mehr, wenn klar ist, welche Geräte wir brauchen und welche Sportangebote es gibt. Aber bis zur nächsten Besprechung können Frau Klages und Herr Rössner einen ungefähren Kostenplan erstellen, damit wir besser planen können. Gibt es sonst noch Fragen?
Team: Nein. Jetzt ist alles klar.
Vera Kliem: Gut, wenn es keine weiteren Wortmeldungen mehr gibt, können wir jetzt abstimmen. Wer von Ihnen stimmt für die Einführung der „Mittagspause – aktiv"?

▶ 4 | 35 *Sprecherin:* 1

Ute Reimann: Als die Personalabteilung das Projekt „aktive Mittagspause" vorgestellt hat, hab' ich zuerst gedacht: Ein Fitnessangebot? Schön und gut. Aber in der Mittagspause? Die ist doch für ein Training viel zu kurz. Kleidung wechseln, trainieren, wieder umziehen. Und duschen will man doch sicher auch. Ich glaube nicht, dass jeder wieder pünktlich an seinem Arbeitsplatz ist.

▶ 4 | 36 *Sprecherin:* 2

Tim Lohse: Natürlich ist uns die Gesundheit unserer Mitarbeiter sehr wichtig. Ich finde das Projekt aber auch aus einem anderen Grund sehr gut: Wir suchen für unsere Firma qualifizierte Bewerber und finden nicht immer genug. Mit dem Sportangebot sind wir als Firma für sie attraktiver.

▶ 4 | 37 *Sprecherin:* 3

Jutta Wenzel: Also, ich treffe mich am Samstag mit einer Gruppe im Wald zum Laufen. Das mache ich jetzt privat schon ein halbes Jahr. Und wir haben uns mit der Zeit richtig gut kennengelernt. Bei der „aktiven Mittagspause" wäre das sicher genauso. Wir Kollegen verstehen uns ja nicht schlecht, aber so ein gemeinsames Training ist sicher sehr gut für das Betriebsklima.

▶ 4 | 38 *Sprecherin:* 4

Michael Wolf: Ich finde, beim Sport ist es wie bei allen anderen Sachen. Denn da mag jeder was anderes. Ich spiele in meiner Freizeit zum Beispiel gerne Fußball. Das macht viel Spaß. Aber in ein Fitnessstudio gehe ich nicht – nicht privat und nicht bei der Arbeit. Und außerdem: Wir arbeiten viel, bringen gute Ergebnisse, … Die zentrale Frage ist doch: Müssen wir jetzt auch noch in unserer Pause zeigen, wie fit wir sind?

▶ 4 | 39 *Sprecherin:* 5

Sylvia Renner: Für mich ist die Sache ganz klar: Wenn es losgeht, mache ich bestimmt mit. Wie sieht denn unsere Mittagspause heute aus? Man geht in die Kantine, isst sein Essen, trinkt vielleicht noch einen Kaffee, sitzt rum und spricht mit seinen Kollegen. Dann könnte man sich gleich kurz ins Bett legen, so müde ist man. Nee, mit dem neuen Projekt wird das bestimmt viel besser!

Bildquellen

Cover: Corbis (Hero Images), Berlin; **32.1** Shutterstock (Room27), New York; **32.2** Shutterstock (loukia), New York; **32.3** Shutterstock (Mayovskyy Andrew), New York; **32.4** Thinkstock (ppart), München; **32.5** Shutterstock (kzww), New York; **32.6** Shutterstock (ppart), New York; **32.7** Thinkstock (igor terekhov), München; **32.8** Thinkstock (Zoonar RF), München; **32.9** Thinkstock (Stephanie Corbel), München; **32.10** Shutterstock (ryby), New York; **32.11** Thinkstock (de santis paolo), München; **32.12** Thinkstock (Michaela Stejskalová), München; **32.13** Thinkstock (BLUEXHAND), München; **32.14** Thinkstock (Maksym Bondarchuk), München; **32.15** Shutterstock (satit_srihin), New York; **32.16** Thinkstock (Matteo De Stefano), München; **32.17** Thinkstock (Goxi), München; **32.18** Shutterstock (Cienpies Design), New York; **32.19** Thinkstock (Margo Harrison), München; **32.20** Shutterstock (Steve Bower), New York; **43.1** Klett-Archiv (Andreas Kunz), Stuttgart; **43.2** Shutterstock (Nicole Gordine), New York; **43.3** Shutterstock (bookzaa), New York; **43.4** Thinkstock (_human), München; **43.5** Fotolia.com (jehafo), New York; **43.6** Thinkstock (fotodima), München; **43.7** Thinkstock (Parfyonova Tatyana), München; **43.8** Thinkstock (kurga), München; **43.9** Thinkstock (serggn), München; **43.10** Shutterstock (design56), New York; **43.11** Fotolia.com (ratatosk), New York